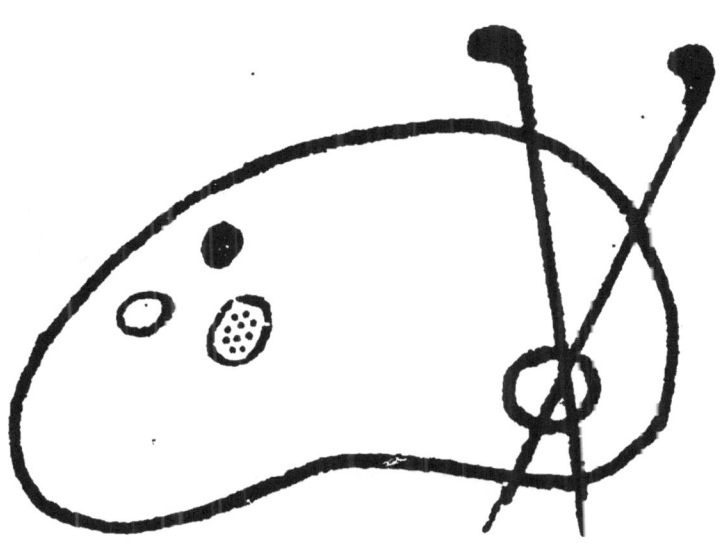

Couvertures supérieure et inférieure
en couleur

BIBLIOTHÈQUE NOUVELLE

2 francs le volume

ALEXANDRE DUMAS

LA SAN FELICE

III

DEUXIÈME ÉDITION

PARIS

MICHEL LÉVY FRÈRES, LIBRAIRES ÉDITEURS
RUE VIVIENNE, 2 BIS, ET BOULEVARD DES ITALIENS, 15
A LA LIBRAIRIE NOUVELLE

OUVRAGES PARUS
DANS LA BIBLIOTHÈQUE NOUVELLE
à 2 francs le volume

LA SAN FELICE
Par Alexandre Dumas............ 6 vol.

LE LIVRE DES FEMMES
Par la Comtesse Dash. — Nouvelle édition... 1 vol.

CONFESSIONS DE NINON LENCLOS
Publiées par E. de Mirecourt. — Nouvelle édit. 1 vol.

SCÈNES ET MENSONGES PARISIENS
Par Aurélien Scholl. — 2e édition...... 1 vol.

MÉMOIRES D'UN BAISER
Par Jules Noriac. 2e édition......... 1 vol.

CONFESSIONS DE MARION DELORME
Publiées par E. de Mirecourt. — Nouv. édit. 3 vol.

LES FILLES D'ÈVE
Par Arsène Houssaye............. 1 vol.

LA ROSE BLANCHE
Par Auguste Maquet............. 1 vol.

LA TRAITE DES BLONDES
Par Amédée Achard............. 1 vol.

LA GORGONE
Par G. de La Landelle........... 2 vol.

LUCY LA BLONDE
Par Georges Bell............... 1 vol.

LA PÉCHERESSE
Par Arsène Houssaye............ 1 vol.

LA CAMORRA. — MYSTÈRES DE NAPLES
Par Marc-Monnier............. 1 vol.

JEANNE DE FLERS
Par Lardin et Mie d'Aghonne. — Nouvelle édit. 1 vol.

MARSEILLE ET LES MARSEILLAIS
Par Méry................... 1 vol.

CONTES D'UNE NUIT D'HIVER
Par A. Michiels. — Nouvelle édition...... 1 vol.

LE BEAU D'ANGENNES
Par Auguste Maquet............. 1 vol.

LES DRAMES GALANTS
Par Alexandre Dumas............ 2 vol.

LE CAS DE M. GUÉRIN
Par Edmond About, 4me édition..... 1 vol.

IMP. L. TOINON ET Cie, A SAINT-GERMAIN.

LA SAN-FELICE

CHEZ LES MÊMES ÉDITEURS

OUVRAGES

D'ALEXANDRE DUMAS

Format grand in-18, à 3 fr. le volume :

THÉATRE COMPLET, tomes I à XI................... 11 vol
LES GARIBALDIENS, révolutions de Sicile et de Naples... 1 —

Format grand in-18, à 2 fr. le volume :

L'ART ET LES ARTISTES CONTEMPORAINS au salon de 1859. 1 —
UNE AVENTURE D'AMOUR............................ 1 —
LES DRAMES GALANTS. — LA MARQUISE D'ESCOMAN...... 2 —
DE PARIS A ASTRAKAN.............................. 3 —

POISSY. — TYP. ET STÉR. DE A. BOURET.

LA
SAN-FELICE

PAR

ALEXANDRE DUMAS

TOME TROISIÈME

PARIS
MICHEL LÉVY FRÈRES, LIBRAIRES ÉDITEURS
RUE VIVIENNE, 2 BIS, ET BOULEVARD DES ITALIENS, 15
A LA LIBRAIRIE NOUVELLE

1865

Tous droits réservés

1864

LA SAN-FELICE

XXXVII

GIOVANNINA

Nos lecteurs doivent remarquer avec quel soin nous les conduisons à travers un pays et des personnages qui leur sont inconnus, afin de garder à la fois à notre récit toute la fermeté de l'ensemble et toute la variété des détails. Cette préoccupation nous a naturellement entraîné dans quelques longueurs qui ne se représenteront plus, maintenant qu'à peu d'individualités près que nous rencontrerons sur notre route, tous nos personnages sont entrés en scène, et, autant qu'il a été en notre pouvoir, ont, par l'action même, exposé leur caractère. Notre avis, au reste, est que la longueur ou la brièveté d'une matière n'est point soumise à une mesure matérielle : ou l'œuvre est intéressante, et, eût-elle vingt volumes, elle semblera courte au public ; ou elle est ennuyeuse, et, eût-elle dix pages seulement, le lecteur fermera la brochure et la jettera loin de lui avant d'en avoir achevé la lecture ; quant à nous, c'est en général nos livres les plus longs, c'est-à-dire ceux dans lesquels il nous a été permis d'introduire un plus grand développement de caractères et une plus longue suite d'événements, qui ont eu le plus de succès et ont été le plus avidement lus.

C'est donc entre des personnages déjà connus du lecteur, ou auxquels il ne nous reste plus que quelques coups de pinceau à donner, que nous allons renouer notre récit, qui semble, au premier coup d'œil, s'être écarté de sa route pour suivre à Rome notre ambassadeur et le comte de Ruvo, écart nécessaire, on le reconnaîtra plus tard, en revenant à Naples huit jours après le départ d'Ettore Caraffa pour Milan et du citoyen Garat pour la France.

Nous nous retrouvons donc, vers dix heures du matin, sur le quai de Mergellina, fort encombré de pêcheurs et de lazzaroni, de gens du peuple de toute espèce qui courent, mêlés aux cuisiniers des grandes maisons, vers le marché que vient d'ouvrir en face de son casino, le roi Ferdinand, qui, vêtu en pêcheur, debout derrière une table couverte de poissons, vend lui-même sa pêche ; malgré la préoccupation où l'ont jeté les affaires politiques, malgré l'attente où il est, d'un moment à l'autre, d'une réponse de son neveu l'empereur, malgré la difficulté qu'il éprouve à escompter rapidement la traite de vingt-cinq millions souscrite par sir William Hamilton, et endossée par Nelson au nom de M. Pitt, le roi n'a pas pu renoncer à ses deux grandes distractions, la pêche et la chasse : hier, il a chassé à Persano; ce matin, il a pêché à Pausilippe.

Parmi la foule qui, attirée par ce spectacle fréquent mais toujours nouveau pour le peuple de Naples, remonte le quai de Mergellina, nous serions tenté de compter notre vieil ami Michele le Fou, qui, hâtons-nous de le dire, n'a rien de commun avec le Michele Pezza que nous avons vu s'élancer dans la montagne après le meurtre de Peppino, mais notre Michele à nous, qui, au lieu de continuer à remonter le quai comme les autres, s'arrête à la petite porte de ce jardin déjà bien connu de nos lecteurs. Il est vrai qu'à la porte de ce jardin se tient debout et appuyée à la muraille, les yeux perdus dans l'azur du ciel, où plutôt dans le vague de sa pensée, une jeune fille à laquelle sa position secondaire ne nous a permis jusqu'à ce moment de donner qu'une attention secondaire comme sa position.

C'est Giovama ou Giovannina, la femme de chambre de Luisa San-Felice, appelée plus souvent par abréviation Nina.

Elle représente un type particulier chez les paysans des environs de Naples, une espèce d'hybride humaine que l'on est tout étonné de trouver sous le brûlant soleil du Midi.

C'est une jeune fille de dix-neuf à vingt ans, de taille moyenne, et cependant plutôt grande que petite, parfaitement prise dans sa taille, et à qui le voisinage d'une femme distinguée a donné des goûts de propreté rares dans cette classe du peuple à laquelle elle appartient; ses cheveux abondants et très soignés, retenus en chignon par un ruban bleu de ciel, sont de ce blond ardent qui semble la flamme voltigeant sur le front des mauvais anges; son teint est d'un blanc laiteux parsemé de taches de rousseur qu'elle essaye d'effacer avec les cosmétiques et les essences qu'elle emprunte au cabinet de toilette de sa maîtresse; ses yeux sont verdâtres et s'irisent d'or comme ceux des chats, dont elle a la prunelle contractile; ses lèvres sont minces et pâles, mais, à la moindre émotion, deviennent d'un rouge de sang; elles couvrent des dents irréprochables, dont elle prend autant de soin et dont elle paraît aussi fière que si elle était une marquise; ses mains sans veines sont blanches et froides comme le marbre. Jusqu'à l'époque où nous l'avons fait connaître à nos lecteurs, elle a paru fort attachée à sa maîtresse et ne lui a donné que ces sujets de mécontentement qui tiennent à la légèreté de la jeunesse et aux bizarreries d'un caractère encore mal formé. Si la sorcière Nanno était là et qu'elle examinât sa main comme elle a examiné celle de sa maîtresse, elle dirait que, tout au contraire de Luisa, qui est née sous l'heureuse influence de Vénus et de la Lune, Giovannina est née sous la mauvaise union de la Lune et de Mercure, et que c'est à cette conjonction fatale qu'elle doit les mouvements d'envie qui, parfois, lui serrent le cœur, et les élans d'ambition qui agitent son esprit.

En somme, Giovannina n'est point ce que l'on peut appeler une belle femme, ni une jolie fille; mais c'est une créature étrange qui attire et fixe le regard de beaucoup de jeunes gens. Ses inférieurs ou ses égaux ont fait attention à elle, mais jamais elle n'a répondu à aucun; son ambition aspire à s'élever, et vingt fois elle a dit qu'elle aimerait mieux rester fille toute sa vie que d'épouser un homme au-dessous d'elle, ou même de sa condition.

Michele et Giovannina sont de vieilles connaissances; depuis six ans que Giovannina est chez Luisa San-Felice, ils ont eu occasion de se voir bien souvent ; Michele même, comme les autres jeunes gens, séduit par la bizarrerie physique et morale de la jeune fille, a essayé de lui faire la cour ; mais elle a expliqué sans détour au jeune lazzarone qu'elle n'aimerait jamais qu'un *signore*, au risque même que le *signore* qu'elle aimerait ne répondit point à son amour.

Sur quoi, Michele, qui n'est pas le moins du monde platonicien, lui a souhaité toute sorte de prospérités, et s'est tourné du côté d'Assunta, qui, n'ayant point les mêmes prétentions aristocratiques que Nina, s'est parfaitement contentée de Michele, et, comme le frère de lait de Luisa, à part ses opinions politiques un peu exaltées, est un excellent garçon, au lieu d'en vouloir à Giovannina de son refus, il lui a demandé son amitié et offert la sienne ; moins difficile en amitié qu'en amour, Giovannina lui a tendu la main, et la promesse d'une bonne et sincère amitié a été échangée entre le lazzarone et la jeune fille.

Aussi, au lieu de continuer sa route jusqu'au marché royal, Michele, qui, d'ailleurs, venait probablement faire une visite à sa sœur de lait, voyant Giovannina pensive à la porte du jardin, s'arrêta.

— Que fais-tu là à regarder le ciel ? lui demanda-t-il.

La jeune fille haussa les épaules.

— Tu le vois bien, dit-elle, je rêve.

— Je croyais qu'il n'y avait que les grandes lames qui rêvassent, et que nous nous contentions de penser, nous autres; mais j'oubliais que, si tu n'es pas une grande dame, tu comptes le devenir un jour. Quel malheur que Nanno n'ait pas vu ta main! elle t'eût probablement prédit que tu serais duchesse, comme elle m'a prédit, à moi, que je serais colonel.

— Je ne suis pas une grande dame pour que Nanno perde son temps à me dire la bonne aventure.

— Est-ce que je suis un grand seigneur, moi? Elle me l'a bien dite; il est vrai que c'était probablement pour se moquer de moi.

Giovannina secoua négativement la tête.

— Nanno ne ment pas, dit-elle.

— Alors, je serai pendu?

— C'est probable.

— Merci! Et qui te fait croire que Nanno ne ment pas?

— Parce qu'elle a dit la vérité à madame.

— Comment, la vérité?

— Ne lui a-t-elle pas fait le portrait du jeune homme qui descendait du Pausilippe? grand, beau, jeune, vingt-cinq ans; ne lui a-t-elle pas dit qu'il était épié par quatre, puis par six hommes? ne lui a-t-elle pas dit que cet inconnu, dont nous avons fait depuis la connaissance, courait un grand danger? ne lui a-t-elle pas dit, enfin, que ce serait un bonheur pour elle que ce jeune homme fût tué, parce que, s'il n'était pas tué, elle l'aimerait, et que cet amour aurait une influence fatale sur sa destinée?

— Eh bien?

— Eh bien, tout cela est arrivé, ce me semble : l'inconnu venait du Pausilippe; il était jeune, beau; il avait vingt-cinq ans; il était suivi par six hommes; il courait un grand danger, puisqu'il a été blessé presque mortellement à cette porte. Enfin, continua Giovannina avec une imperceptible altération dans la voix, comme la prédiction devait s'accomplir et s'accomplira probablement en tout point, enfin, madame l'aime.

— Que dis-tu là? fit Michele. Tais-toi donc!

Giovannina regarda autour d'elle.

— Est-ce que quelqu'un nous écoute? demanda-t-elle. — Non. — Eh bien, continua Giovannina, qu'importe, alors? N'es-tu pas dévoué à ta sœur de lait comme je le suis à ma maîtresse?

— Si fait, et à la vie à la mort! elle peut s'en vanter.

— En ce cas, elle aura probablement besoin un jour de toi, comme elle a déjà besoin de moi. Que crois-tu que je fais à cette porte?

— Tu me l'as dit, tu regardes en l'air.

— N'as-tu pas rencontré le chevalier San-Felice sur ta route?

— A la hauteur de Pie-di-Grotta? Oui.

— J'étais là pour voir s'il ne revenait point sur ses pas, comme il l'a fait hier.

— Comment! il est revenu sur ses pas? Se douterait-il de quelque chose?

— Lui? Pauvre cher seigneur! il croirait plutôt ce qu'il ne voulait pas croire l'autre jour, que la terre est un morceau détaché du soleil, un jour qu'une comète s'est heurtée contre, que de croire que sa femme le trompe; d'ailleurs, elle ne le trompe pas!... ou du moins pas encore : elle aime le seigneur Salvato, voilà tout ; mais il n'est pas moins vrai que, s'il eût demandé madame, j'eusse été fort embarrassée, car elle est déjà près de son cher blessé, qu'elle ne quitte ni jour ni nuit.

— Alors, elle t'a dit de venir t'assurer que le chevalier San-Felice continuait bien aujourd'hui son chemin vers le palais royal?

— Oh! non, Dieu merci! madame n'en est pas encore là ; mais cela viendra, sois tranquille. Non, je la voyais inquiète, allant, venant, regardant du côté du corridor, puis du côté du jardin, mourant d'envie de se mettre à la fenêtre, mais n'osant. Je lui ai dit alors : « Est-ce que madame ne va pas voir si M. Salvato n'a pas besoin d'elle, depuis deux heures du matin qu'elle l'a quitté? — Je n'ose, ma chère Nina, a-t-elle répondu; j'ai peur que mon mari, comme hier, n'ait oublié quelque chose, et tu sais que le docteur Cirillo a dit qu'il était de la plus haute importance que mon mari ignorât la présence de ce jeune homme chez la princesse Fusco. — Oh! qu'à cela ne tienne, madame, lui ai-je répondu, je puis surveiller la rue, et, si M. le chevalier, par hasard, revenait comme hier, du plus loin que je l'apercevrais, j'accourrais le dire à madame.—Ah! ma bonne petite Nina, a-t-elle répliqué, tu serais assez gentille pour cela? — Certainement, lui ai-je répondu, madame; cela me fera même du bien, j'ai besoin d'air.» Et je suis venue me planter en sentinelle à cette porte, où j'ai le plaisir de faire la conversation avec toi, tandis que madame a celui de faire la conversation avec son blessé.

Michele regarda Giovannina avec un certain étonnement; il y avait quelque chose d'amer dans les paroles et de strident dans la voix de la jeune fille.

— Et lui, demanda-t-il, le jeune homme, le blessé?
— J'entends bien.
— Est-il amoureux d'elle?
— Lui? Je crois bien ! Il la dévore des yeux. Aussi-

tôt qu'elle quitte la chambre, ses paupières se ferment comme s'il n'avait plus besoin de rien voir, pas même le jour. Le médecin, M. Cirillo, celui qui défend que les maris sachent que leurs femmes soignent de beaux jeunes gens blessés, M. Cirillo a beau lui défendre de parler, M. Cirillo a beau lui dire que, s'il parle, il risque de se rompre quelque chose dans le poumon, ah! pour cela, on ne lui obéit pas comme pour l'autre chose. A peine sont-ils seuls, qu'ils se mettent à parler sans s'arrêter une minute.

— Et de quoi parlent-ils?

— Je n'en sais rien.

— Comment! tu n'en sais rien? Ils t'éloignent donc?

— Non, tout au contraire, madame presque toujours me fait signe de rester.

— Ils parlent tout bas, alors?

— Non, ils parlent tout haut, mais anglais ou français. Le chevalier est un homme de précaution, ajouta Nina avec un petit rire saccadé; il a appris deux langues étrangères à sa femme, afin qu'elle pût librement parler de ses affaires avec les étrangers et que les gens de la maison n'y comprissent rien; aussi, madame en use.

— J'étais venu pour voir Luisa, dit Michele; mais d'après ce que tu me dis, je la dérangerais probable, ment ; je me contenterai donc de souhaiter que toutes choses tournent mieux pour elle et pour moi que ne l'a prédit Nanno.

— Non pas, tu resteras, Michele ; la dernière fois que tu es venu, elle m'a grondé de t'avoir laissé partir sans la voir ; il parait que le blessé, lui aussi, veut te remercier.

— Ma foi ! je ne serais pas fâché de lui dire deux mots de compliments de mon côté ; c'est un rude gaillard, et le beccaïo sait ce que pèse son bras.

— Alors, entrons, et, comme il n'y a plus de danger que le chevalier revienne, je vais prévenir madame que tu es là.

— Tu m'assures que ma visite ne la contrariera point ?

— Je te dis qu'elle lui fera plaisir.

— Alors, entrons.

Et les deux jeunes gens disparurent dans le jardin pour reparaître bientôt au haut du perron et disparaître de nouveau dans la maison.

Comme l'avait dit Nina, depuis une demi-heure déjà, à peu près, sa maîtresse était entrée dans la chambre du blessé.

De sept heures du matin, heure à laquelle elle se levait, jusqu'à dix heures, heure à laquelle son mari quittait la maison, quoique Luisa ne cessât point un instant d'avoir le malade présent à sa pensée, elle n'osait lui faire aucune visite, ce temps étant complétement consacré à ces soins du ménage que nous l'avons vue négliger le jour de la visite de Cirillo, et qu'elle avait jugé imprudent de ne pas reprendre depuis; en échange, elle ne quittait plus Salvato une minute de dix heures du matin à deux heures de l'après-midi, moment où, on se le rappelle, son mari avait l'habitude de rentrer; après dîner, vers quatre heures, le chevalier San-Felice passait dans son cabinet et y demeurait une heure ou deux.

Pendant une heure au moins, Luisa tranquille, et sous prétexte de changer quelque chose à sa toilette, était censée demeurer, elle aussi, dans sa chambre; mais, légère comme un oiseau, elle était toujours dans le corridor et trouvait moyen de faire trois ou quatre visites au blessé, lui recommandant, à chacune de ces visites, le repos et la tranquillité; puis, de sept à dix heures, moment des visites ou de la promenade, elle abandonnait de nouveau Salvato, qui restait sous la garde de Nina et qu'elle venait retrouver vers onze heures, c'est-à-dire aussitôt que son mari était rentré dans sa chambre; elle restait jusqu'à deux heures du matin à son chevet; à deux heures du matin, elle passait chez elle, d'où elle ne sortait plus qu'à sept heures, comme nous l'avons dit.

Tout s'était passé ainsi et sans la moindre variation depuis le jour de la première visite de Cirillo, c'est-à-dire depuis neuf jours.

Quoique Salvato attendît avec une impatience toujours nouvelle le moment où apparaissait Luisa, il semblait, ce jour-là, les yeux fixés sur la pendule, attendre la jeune femme avec une impatience plus grande que jamais.

Si léger que fût le pas de la belle visiteuse, l'oreille du blessé était si accoutumée à reconnaître ce pas et surtout la manière dont Luisa ouvrait la porte de communication, qu'au premier craquement de cette porte et au premier froissement d'une certaine pantoufle de satin sur le carreau, le sourire, absent de ses lèvres depuis le départ de Luisa, revenait entr'ouvrir ses lèvres, et ses yeux se tournaient vers cette porte et s'y arrêtaient avec la même fixité que la boussole sur l'étoile du nord.

Luisa parut enfin.

— Oh! lui dit-il, vous voilà donc! Je tremblais que, craignant quelque retour inattendu comme celui d'hier, vous ne vinssiez plus tard. Dieu merci! aujourd'hui comme toujours, et à la même heure que toujours, vous voilà!

— Oui, me voilà, grâce à notre bonne Nina, qui,

d'elle-même, m'a offert de descendre et de veiller à la porte. Comment avez-vous passé la nuit?

— Très-bien! Seulement, dites-moi...

Salvato prit les deux mains de la jeune femme debout près de son lit, et, se soulevant pour se rapprocher d'elle, il la regarda fixement.

Luisa, étonnée et ne sachant ce qu'il allait lui demander, le regarda de son côté. Il n'y avait rien dans le regard du jeune homme qui pût lui faire baisser les yeux; ce regard était tendre, mais plus interrogateur que passionné.

— Que voulez-vous que je vous dise? demanda-t-elle.

— Vous êtes sortie de ma chambre hier à deux heures du matin, n'est-ce pas?

— Oui.

— Y êtes-vous rentrée après en être sortie?

— Non.

— Non? Vous dites bien non?

— Je dis bien non.

— Alors, dit le jeune homme se parlant à lui-même, c'est elle!

— Qui, elle? demanda Luisa plus étonnée que jamais.

— Ma mère, répliqua le jeune homme, dont les yeux prirent une expression de vague rêverie, et dont la tête s'abaissa sur sa poitrine avec un soupir qui n'avait rien de douloureux ni même de triste.

A ces mots : « Ma mère, » Luisa tressaillit.

— Mais, lui demanda Luisa, votre mère est morte?

— N'avez-vous pas entendu dire, chère Luisa, répondit le jeune homme sans que ses yeux perdissent rien de leur rêverie, qu'il était, parmi les hommes, sans qu'on pût les reconnaître à des signes extérieurs, sans qu'eux-mêmes se rendissent compte de leur pouvoir, des êtres privilégiés qui avaient la faculté de se mettre en rapport avec les esprits?

— J'ai entendu quelquefois le chevalier San-Felice raisonner de cela avec des savants et des philosophes allemands, qui donnaient ces communications entre les habitants de ce monde et ceux d'un monde supérieur comme des preuves en faveur de l'immortalité de l'âme ; ils nommaient ces individus des voyants, ces intermédiaires des médiums.

— Ce qu'il y a d'admirable en vous, dit Salvato, c'est que, sans que vous vous en doutiez, Luisa, sous la grâce de la femme, vous avez l'éducation d'un érudit et la science d'un philosophe; il en résulte qu'avec vous, on peut parler de toutes choses, même des choses surnaturelles.

— Alors, fit Luisa très-émue, vous croyez que cette nuit...?

— Je crois que, cette nuit, si ce n'est point vous qui êtes entrée dans ma chambre et qui vous êtes penchée sur mon lit, je crois que j'ai été visité par ma mère.

— Mais, mon ami, demanda Luisa frissonnante, comment vous expliquez-vous l'apparition d'une âme séparée de son corps?

— Il y a des choses qui ne s'expliquent pas, Luisa, vous le savez bien. Hamlet ne dit-il point, au moment où vient de lui apparaître l'ombre de son père : *There are more things in heaven and earth, Horatio, than there are dreamt of in your philosophy?...* Eh bien, Luisa, c'est d'un de ces mystères que je vous parle.

— Mon ami, dit Luisa, savez-vous que parfois vous m'effrayez?

Le jeune homme lui serra la main et la regarda de son plus doux regard.

— Et comment puis-je vous effrayer, lui demanda-t-il, moi qui donnerais pour vous la vie que vous m'avez sauvée? Dites-moi cela.

— C'est que, continua la jeune femme, vous me faites parfois l'effet de n'être point un être de ce monde.

— Le fait est, répliqua Salvato en riant, que j'ai bien manqué d'en sortir avant d'y être entré.

— Serait-il donc vrai, comme le disait la sorcière

Nanno, demanda en pâlissant la jeune femme, que vous fussiez né d'une morte?

— La sorcière vous a dit cela? demanda le jeune homme en se soulevant étonné sur son lit.

— Oui; mais ce n'est pas possible, n'est-ce pas?

— La sorcière vous a dit la vérité, Luisa ; c'est une histoire que je vous raconterai un jour, mon amie.

— Oh! oui, et que j'écouterai avec toutes les fibres de mon cœur.

— Mais plus tard.

— Quand vous voudrez.

— Aujourd'hui, continua le jeune homme en retombant sur son lit, ce récit dépasserait mes forces; mais, comme je vous le dis, tiré violemment du sein de ma mère, les premières palpitations de ma vie se sont mêlées aux derniers tressaillements de sa mort, et un étrange lien a continué, en dépit du tombeau, de nous attacher l'un à l'autre. Or, soit hallucination d'un esprit surexcité, soit apparition réelle, soit qu'enfin, dans certaines conditions anormales, les lois qui existent pour les autres hommes n'existent pas pour ceux qui sont nés en dehors de ces lois, de temps en temps, — j'ose à peine dire cela, tant la chose est improbable! — de temps en temps, ma mère, sans doute parce qu'elle fut en même temps sainte et martyre, de temps en temps, ma mère obtient de Dieu la permission de me visiter.

— Que dites-vous là! murmura Luisa toute frissonnante.

— Je vous dis ce qui est, mais *ce qui est* pour moi *n'est peut-être pas* pour vous, et cependant je n'ai pas vu seul cette chère apparition.

— Une autre que vous l'a vue? s'écria Luisa.

— Oui, une femme bien simple, une paysanne, incapable d'inventer une semblable histoire : ma nourrice.

— Votre nourrice a vu l'ombre de votre mère?

— Oui; voulez-vous que je vous raconte cela? demanda le jeune homme en souriant.

Pour toute réponse, Luisa saisit les deux mains du blessé et le regarda avidement.

— Nous demeurions en France, — car, si ce n'est point en France que mes yeux se sont ouverts, c'est là qu'ils ont commencé à voir ; — nous habitions au milieu d'une grande forêt; mon père m'avait donné une nourrice d'un village distant d'une lieue et demie ou deux lieues de la maison que nous habitions. Une après-midi, elle alla demander à mon père la permission de faire une course pour voir son enfant, qu'on lui avait dit être malade; c'était celui-là même qu'elle avait sevré pour me donner sa place; non-seulement mon père le lui permit, mais encore il voulut l'accompagner pour visiter son enfant avec elle; on me donna à boire, on me coucha dans mon berceau, et, comme je ne me réveillais jamais qu'à dix heures du soir, et que mon père, avec son cabriolet, ne mettait qu'une heure et demie pour aller au village et revenir à la maison, mon père ferma la porte, mit la clef dans sa poche, fit monter la nourrice près de lui et partit tranquille.

» L'enfant n'avait qu'une légère indisposition; mon père rassura la bonne femme, laissa une ordonnance au mari et un louis pour être sûr que l'ordonnance serait suivie, et s'en allait revenir à la maison en y ramenant la nourrice, lorsqu'un jeune homme éploré vint tout à coup lui dire que son père, un garde de la forêt, avait été grièvement blessé la nuit précédente par un braconnier. Mon père ne savait point ce que c'était que de repousser un semblable appel; il remit la clef de la maison à la nourrice et lui recommanda de revenir sans perdre un instant, d'autant plus que le temps devenait orageux.

» La nourrice partit. Il était sept heures du soir; elle promit d'être avant huit heures à la maison, et mon père s'en alla de son côté, après lui avoir vu prendre le chemin qui devait la ramener près de moi. Pendant une demi-heure, tout alla bien; mais alors le temps s'obscurcit tout à coup, le tonnerre gronda et un orage terrible éclata, mêlé d'éclairs et de pluie. Par malheur, au lieu de suivre le chemin frayé, la bonne femme prit, afin d'arriver plus vite à la maison, un sentier qui raccourcissait la distance, mais que la nuit rendait plus difficile; un loup qui, effrayé lui-même par l'orage, croisa son chemin, lui fit peur; elle se jeta de côté, s'enfuit, s'engagea dans un taillis, s'y égara, et, de plus en plus épouvantée par l'orage, erra au hasard, appelant, pleurant, criant, mais n'ayant pour réponse à ses cris que ceux des chouettes et des hiboux.

» Folle, éperdue, elle erra ainsi pendant trois heures, se heurtant aux arbres, buttant contre les souches à fleur de terre, roulant dans les ravins perdus dans l'obscurité, et entendant successivement, au milieu des grondements du tonnerre, sonner neuf heures, dix heures, onze heures; enfin, comme le premier coup de minuit tintait, un éclair lui fit voir à cent pas d'elle notre maison tant cherchée, et, quand l'éclair fut éteint, quand la forêt fut retombée dans les ténèbres, elle continua d'être guidée par une lumière qui venait de la chambre où était mon berceau : elle crut que mon père était revenu avant elle et doubla le pas; mais comment était-il rentré, puisqu'il lui avait donné la clef? En avait-il une seconde?

Ce fut sa pensée; et, trempée par la pluie, meurtrie par les chutes, aveuglée par les éclairs, elle ouvrit la porte, la repoussa derrière elle, croyant la fermer, monta rapidement l'escalier, traversa la chambre de mon père et ouvrit la porte de la mienne.

» Mais, sur le seuil, elle s'arrêta en poussant un cri...

— Mon ami! mon ami! s'écria Luisa en serrant les mains du jeune homme.

— Une femme vêtue de blanc était debout près de mon lit, continua le jeune homme d'une voix altérée, murmurant tout bas un de ces chants maternels avec lesquels on endort les enfants, et me berçant de la main en même temps que de la voix. Cette femme, jeune, belle, seulement le visage couvert d'une mortelle pâleur, avait une tache rouge au milieu du front.

» La nourrice s'adossa au chambranle de la porte pour ne pas tomber; les jambes lui manquaient.

» Elle avait bien compris qu'elle était en face d'un être surnaturel et bienheureux, car la lumière qui éclairait la chambre émanait de lui; d'ailleurs, peu à peu les contours de l'apparition, parfaitement accusés d'abord s'effacèrent; les traits du visage devinrent moins distincts, les chairs et les vêtements, aussi pâles les uns que les autres, se confondirent en perdant leurs reliefs; le corps devint nuage, le nuage se transforma en vapeur, enfin la vapeur s'évanouit à son tour, laissant après elle l'obscurité la plus profonde, et, dans cette obscurité, un parfum inconnu.

» En ce moment, mon père rentrait lui-même; la nourrice l'entendit, et, plus morte que vive, l'appela. Il monta à sa voix, alluma une bougie, trouva la bonne femme au même endroit, tremblante, le front ruisselant de sueur, pouvant à peine respirer.

» Rassurée par la présence de mon père et par la lumière de la bougie, elle s'élança vers mon berceau et me prit entre ses bras : je dormais paisiblement. Pensant que je n'avais rien pris depuis quatre heures de l'après-midi et que je devais avoir faim, elle me donna son sein, mais je refusai de le prendre.

» Alors, elle raconta tout à mon père, qui ne comprenait rien à cette obscurité, à son agitation, à ses terreurs, et surtout à ce parfum mystérieux qui flottait dans l'appartement.

» Mon père l'écouta avec attention, en homme qui, ayant essayé de les sonder tous, ne s'étonne d'aucun des mystères de la nature, et, quand elle en vint à faire le portrait de la femme qui chantait en balançant mon berceau et qu'elle lui dit que cette femme avait une tache rouge au milieu du front, il se contenta de répondre :

» — C'était sa mère.

» Plus d'une fois, continua le blessé d'une voix plus altérée, il me raconta la chose depuis, et cet esprit fort et puissant ne doutait point qu'à mes cris l'ombre bienheureuse n'eût obtenu de Dieu la permission de redescendre du ciel pour apaiser la faim et les cris de son enfant.

— Et depuis, demanda Luisa pâle et frissonnante elle-même, vous dites que vous l'avez vue ?

— Trois fois, répondit le jeune homme. La première, c'était pendant la nuit qui précéda le jour où je la vengeai : je la vis s'avancer vers mon lit avec cette tache rouge au milieu du front ; elle s'inclina sur moi pour m'embrasser, je sentis le contact de ses lèvres froides, et quelque chose qui ressemblait à une larme tomba sur mon front au moment où elle se relevait ; je voulus alors la saisir entre mes bras et la retenir, mais elle disparut. Je m'élançai hors du lit, je courus dans la chambre de mon père ; une bougie brûlait, je m'approchai d'une glace ; ce que j'avais pris pour une larme, c'était une goutte de sang qui était tombée de sa blessure ; mon père, réveillé par moi, écouta mon récit tranquillement et me dit en souriant :

» — Demain, la blessure sera fermée.

» Le lendemain, j'avais tué le meurtrier de ma mère.

Luisa, épouvantée, cacha sa tête dans l'oreiller du blessé.

— Deux fois depuis cette nuit, je l'ai revue, continua Salvato d'une voix presque éteinte ; mais, comme elle était vengée, la tache de sang avait disparu de son front.

Soit fatigue, soit émotion, en achevant ce récit, bien long pour ses forces, Salvato retomba pâle et épuisé sur son chevet.

Luisa poussa un cri.

Le blessé, la bouche haletante et les yeux fermés, était retombé sur son lit.

Luisa s'élança vers la porte, et, en l'ouvrant, faillit renverser Nina, qui écoutait, l'oreille collée à cette porte.

Mais elle ne fit qu'une légère attention à cet incident.

— L'éther ! demanda-t-elle, l'éther ! Il se trouve mal.

— L'éther est dans la chambre de madame, répondit Nina.

Luisa ne fit qu'un bond jusqu'à sa chambre, mais chercha vainement ; lorsqu'elle revint près du blessé, Giovannina soutenait la tête de Salvato sur son bras, et, en la pressant contre sa poitrine, lui faisait respirer le flacon.

— Ne m'en veuillez pas, madame, lui dit Nina, le flacon était sur la cheminée derrière la pendule ; en vous voyant si troublée, j'ai moi-même perdu la tête ; mais tout est pour le mieux ; voici M. Salvato qui revient à lui.

En effet, le jeune homme rouvrit les yeux, et ses yeux, en se rouvrant, cherchaient Luisa.

Giovannina, qui vit la direction de son regard, reposa doucement la tête du blessé sur l'oreiller et gagna l'embrasure d'une fenêtre, où elle essuya une larme, tandis que Luisa revenait prendre sa place au chevet du malade, et que Michele, passant sa tête par la porte restée entr'ouverte, demandait :

— As-tu besoin de moi, petite sœur ?

XXXVIII

ANDRÉ BACKER

L'âme tout entière de Luisa était passée dans ses yeux, et ses yeux étaient fixés sur ceux de Salvato, qui, reconnaissant la jeune femme dans celle qui lui donnait des soins, revenait à lui avec un sourire.

Il rouvrit complétement les yeux et murmura :

— Oh! mourir ainsi!

— Oh! non, non! pas mourir! s'écria Luisa.

— Je sais bien qu'il vaudrait mieux vivre ainsi, continua Salvato; mais...

Il poussa un soupir dont le souffle fit frémir les cheveux de la jeune femme et passa sur son visage comme l'haleine brûlante du sirocco.

Elle secoua la tête, sans doute pour écarter le fluide magnétique dont l'avait enveloppée ce soupir de flamme, reposa la tête du blessé sur l'oreiller, s'assit sur le fauteuil auquel s'appuyait le chevet du lit; puis, se tournant vers Michele et répondant un peu tardivement peut-être à sa question:

— Non, je n'ai plus besoin de toi, dit-elle, heureusement; mais entre toujours, et vois comme notre malade va bien.

Michele s'approcha sur la pointe du pied, comme s'il eût eu peur d'éveiller un homme endormi.

— Le fait est qu'il a meilleur mine que lorsque nous l'avons quitté, la vieille Nanno et moi.

— Mon ami, dit la San-Felice au blessé, c'est le jeune homme qui, dans la nuit où vous avez failli être assassiné, nous a aidés à vous porter secours.

— Oh! je le reconnais, dit Salvato en souriant; c'est lui qui pilait les herbes que cette femme que je n'ai pas revue appliquait sur ma blessure.

— Il est revenu depuis pour vous voir, car, comme nous tous, il prend un grand intérêt à vous; seulement, on ne l'a point laissé entrer.

— Oh! mais je ne me suis point fâché de cela, dit Michele; je ne suis pas susceptible, moi.

Salvato sourit et lui tendit la main.

Michele prit la main que Salvato lui tendait et la regarda en la retenant dans les siennes.

— Vois donc, petite sœur, dit-il, on dirait une main de femme; et quand on pense que c'est avec cette petite main-là qu'il a donné le fameux coup de sabre au beccaïo; car vous lui avez donné un fameux coup de sabre, allez!

Salvato sourit.

Michele regarda autour de lui.

— Que cherches-tu? demanda Luisa.

— Je cherche le sabre, maintenant que j'ai vu la main; ce doit être une fière arme.

— Il t'en faudrait un comme celui-là quand tu seras colonel, n'est-ce pas, Michele? dit en riant Luisa.

— M. Michele sera colonel? demanda Salvato.

— Oh! ça ne peut plus me manquer maintenant, répondit le lazzarone.

— Et comment cela ne peut-il plus te manquer? demanda Luisa.

— Non, puisque la chose m'a été prédite par la vieille Nanno, et que tout ce qu'elle t'a prédit, à toi, se réalise.

— Michele! fit la jeune femme.

— Voyons : ne t'a-t-elle pas prédit qu'un beau jeune homme qui descendait du Pausilippe courait un grand danger, qu'il était menacé par six hommes, et que ce serait un grand bonheur pour toi s'il était tué par ces six hommes, attendu que tu devais l'aimer et que cet amour serait cause de ta mort?

— Michele! Michele! s'écria la jeune femme en écartant son fauteuil du lit, tandis que Giovannina avançait sa tête pâle derrière le rideau rouge de la fenêtre.

Le blessé regarda attentivement Michele et Luisa.

— Comment! demanda-t-il à Luisa, on vous a prédit que je serais cause de votre mort?

— Ni plus ni moins! dit Michele.

— Et, ne me connaissant pas, ne pouvant par conséquent prendre aucun intérêt à moi, vous n'avez pas laissé les sbires faire leur métier?

— Ah bien, oui! dit Michele répondant pour Luisa, quand elle a entendu les coups de pistolet, quand elle a entendu le cliquetis des sabres, quand elle a vu que moi, un homme, et un homme qui n'a pas peur, je n'osais pas aller à votre secours parce que vous aviez affaire aux sbires de la reine, elle a dit : « Alors, c'est à moi de le sauver! » Et elle s'est élancée dans le jardin. Si vous l'aviez vue, Excellence! elle ne courait pas, elle volait.

— Oh! Michele! Michele!

— Tu n'as pas fait cela, petite sœur? tu n'as pas dit cela?

— Mais à quoi bon le redire? s'écria Luisa en se cachant la tête entre ses deux mains.

Salvato étendit le bras et écarta les mains dans lesquelles la jeune femme cachait son visage rouge de honte et ses yeux humides de larmes.

— Vous pleurez! dit-il; avez-vous donc regret maintenant de m'avoir sauvé la vie?

— Non; mais j'ai honte de ce que vous a dit ce garçon; on l'appelle Michele le Fou, et, à coup sûr, il est bien nommé.

Puis, à la camériste :

— J'ai eu tort, Nina, de te gronder de ne point l'avoir laissé entrer; tu avais bien fait de lui refuser la porte.

— Ah! petite sœur! petite sœur! ce n'est pas bien, ce que tu fais là, dit le lazzarone, et, cette fois, tu ne parles pas avec ton cœur.

— Votre main, Luisa, votre main! dit le blessé d'une voix suppliante.

La jeune femme à bout de forces, brisée par tant de sensations différentes, appuya sa tête au dossier du fauteuil, ferma les yeux et laissa tomber sa main frissonnante dans la main du jeune homme.

Salvato la saisit avec avidité; Luisa poussa un soupir : ce soupir confirmait tout ce qu'avait dit le lazzarone.

Michele regardait cette scène à laquelle il ne comprenait rien, et qu'au contraire comprenait trop Giovannina debout, les mains crispées, l'œil fixe, et pareille à la statue de la Jalousie.

— Eh bien, sois tranquille, mon garçon, dit Salvato d'une voix joyeuse, c'est moi qui te donnerai ton sabre de colonel; pas celui avec lequel j'ai houspillé les drôles qui m'attaquaient, ils me l'ont pris, mais un autre et qui vaudra celui-là.

— Eh bien, voilà qui va pour le mieux, dit Michele; il ne me manque plus que le brevet, les épaulettes, l'uniforme et le cheval.

Puis, se retournant vers la camériste :

— N'entends-tu pas, Nina? on sonne à arracher la sonnette !

Nina sembla s'éveiller.

— On sonne? dit-elle; et où cela?

— A la porte, il faut croire.

— Oui, à celle de la maison, dit Luisa.

Puis, rapidement et tout bas à Salvato :

— Ce n'est pas mon mari, ajouta-t-elle, il rentre toujours par celle du jardin. Va, dit-elle à Nina, cours ! je n'y suis pas, tu entends ?

— Petite sœur n'y est pas, tu entends, Nina ? répéta Michele.

Nina sortit sans répondre.

Luisa se rapprocha du blessé ; elle se sentait, sans savoir pourquoi, plus à l'aise sous la parole du bavard Michele que sous le regard de la muette Nina ; mais cela, nous le répétons, instinctivement, sans qu'elle eût rien scruté des bons sentiments de son frère de lait, ou des mauvais instincts de sa camériste.

Au bout de cinq minutes, Nina rentra, et, s'approchant mystérieusement de sa maîtresse :

— Madame, lui dit-elle tout bas, c'est M. André Backer, qui demande à vous parler.

— Ne lui avez-vous pas dit que je n'y étais point ? répliqua Luisa assez haut pour que Salvato, s'il n'avait point entendu la demande, pût au moins entendre la réponse.

— J'ai hésité, madame, répondit Nina toujours à voix basse, d'abord parce que je sais que c'est votre banquier, et ensuite parce qu'il a dit que c'était pour une affaire importante.

— Les affaires importantes se règlent avec mon mari, et non point avec moi.

— Justement, madame, continua Giovannina sur le même diapason; mais j'ai eu peur qu'il ne revînt quand M. le chevalier y serait; qu'il ne dit à M le chevalier qu'il n'avait point trouvé madame, et, comme madame ne sait pas mentir, j'ai pensé qu'il valait mieux que madame le reçût.

— Ah! vous avez pensé?... dit Luisa regardant la jeune fille.

Nina baissa les yeux.

— Si j'ai eu tort, madame, il est encore temps; mais cela lui fera bien de la peine, pauvre garçon!

— Non, dit Luisa après un instant de réflexion, mieux vaut en effet que je le reçoive, et tu as bien fait, mon enfant.

Puis, se tournant vers Salvato, qui s'était écarté voyant que Giovannina parlait bas à sa maîtresse :

— Je reviens dans un instant, lui dit-elle; soyez tranquille, l'audience ne sera pas longue.

Les jeunes gens échangèrent un serrement de main et un sourire, puis Luisa se leva et sortit.

A peine la porte fut-elle refermée derrière Luisa, que Salvato ferma les yeux, comme il avait l'habitude de le faire quand la jeune femme n'était plus là.

Michele, croyant qu'il voulait dormir, s'approcha de Nina.

— Qui était-ce donc? demanda-t-il à demi-voix, avec cette curiosité naïve de l'homme à demi sauvage dont l'instinct n'est point soumis aux convenances de la société.

Nina, qui avait parlé très-bas à sa maîtresse, haussa la voix d'un demi-ton et de manière que Salvato, qui n'avait point entendu ce qu'elle disait à sa maîtresse, entendit ce qu'elle disait à Michele.

— C'est ce jeune banquier si riche et si élégant, dit-elle; tu le connais bien!

— Bon! répliqua Michele, voilà que je connais les banquiers, moi!

— Comment! tu ne connais pas M. André Backer?

— Qu'est-ce que c'est que cela, M. André Backer?

— Comment! tu ne te rappelles pas? Ce joli garçon blond, un Allemand ou un Anglais, je ne sais pas bien, mais qui a fait sa cour à madame avant qu'elle épousât le chevalier.

— Ah! oui, oui. N'est-ce pas chez lui que Luisa a toute sa fortune?

— Justement, tu y es.

— C'est bon. Lorsque je serai colonel, lorsque j'aurai des épaulettes et le sabre que M. Salvato m'a promis, il ne me manquera qu'un cheval comme celui sur lequel se promène M. André Backer pour être équipé complétement.

Nina ne répondit point; elle avait, tandis qu'elle parlait, tenu son regard arrêté sur le blessé, et, au frémissement presque imperceptible des muscles de son visage, elle avait compris que le prétendu dormeur n'avait point perdu une parole de ce qu'elle avait dit à Michele.

Pendant ce temps, Luisa était passée au salon, où l'attendait la visite annoncée; au premier moment, elle eut peine à reconnaître André Backer; il était vêtu en costume de cour, avait coupé ses longs favoris blonds à l'anglaise, ornement que, soit dit en passant, détestait le roi Ferdinand; il portait au cou la croix de commandeur de Saint-Georges Constantinien, et la plaque sur l'habit; il avait la culotte courte et l'épée au côté.

Un léger sourire passa sur les lèvres de Luisa. A quelle intention le jeune banquier lui faisait-il, dans un pareil costume, c'est-à-dire dans un costume de cour, une pareille visite à onze heures et demie du matin? Sans doute, elle allait le savoir.

Au reste, hâtons-nous de dire que André Backer, de race anglo-saxonne, était un charmant garçon de vingt-six à vingt-huit ans, blond, frais, rose, avec la tête carrée des faiseurs de chiffres, le menton accentué du spéculateur entêté aux affaires, et la main spatulée des compteurs d'argent.

Très-élégant et habituellement plein de désinvolture, il était un peu emprunté sous ce costume dont il n'avait pas l'habitude et qu'il portait avec tant de complaisance, que, sans affectation et comme par hasard, il s'était placé devant une glace pour voir l'effet que faisait la croix de Saint-Georges à son cou et la plaque du même ordre sur sa poitrine.

— Oh! mon Dieu, cher monsieur André, lui dit Luisa après l'avoir regardé un instant et lui avoir laissé faire un respectueux salut, comme vous voilà splendide! Je ne m'étonne point que vous ayez insisté, non pour me voir sans doute, mais pour que j'aie le plaisir de vous voir dans toute votre gloire. Où allez-vous donc comme cela? car je présume que ce n'est point pour me faire une visite d'affaires que vous avez revêtu ce costume de cour.

— Si j'eusse cru, madame, que vous eussiez pu avoir plus de plaisir à me voir avec ce costume que sous mes habits ordinaires, je n'eusse point attendu jusqu'aujourd'hui pour le revêtir; non, madame, je sais, au contraire, que vous êtes une de ces femmes intelligentes qui, en choisissant toujours le vêtement qui leur convient le mieux, font peu d'attention à la façon dont les autres sont vêtus; ma visite est un effet de ma volonté ; mais ce costume, sous lequel je me présente à vous, est le résultat des circonstances. Le roi a daigné, il y a trois jours, me faire commandeur de l'ordre de Saint-Georges Constantinien, et m'inviter à dîner à Caserte pour aujourd'hui.

— Vous êtes invité par le roi à dîner à Caserte aujourd'hui ? fit Luisa avec une expression de surprise qui indiquait un degré d'étonnement peu flatteur pour les droits que pouvait se croire le jeune banquier à être admis à la table du roi, le plus lazzarone des hommes dans les rues, le plus aristocrate des rois dans son château. Ah ! mais je vous en fais mon compliment bien sincère, monsieur André.

— Vous avez raison de vous étonner, madame, de voir un pareil honneur fait au fils d'un banquier, répliqua le jeune homme, un peu piqué de la façon dont Luisa le félicitait ; mais n'avez-vous pas entendu raconter qu'un jour Louis XIV, si aristocrate qu'il fût, invita à dîner avec lui, à Versailles, le banquier Samuel Bernard, auquel il voulait emprunter vingt-cinq millions ? Eh bien, il paraît que le roi Ferdinand a un besoin d'argent non moins grand que son ancêtre le roi Louis XIV, et, comme mon père est le Samuel Bernard de Naples, le roi invite son fils André Backer à dîner avec lui à Caserte, qui est le Versailles de Sa Majesté Ferdinand, et, pour être sûr que les vingt-cinq millions ne lui échapperont point, il a mis, au cou du croquant qu'il admet à sa table, ce licol par lequel il espère le conduire jusqu'à sa caisse.

— Vous êtes homme d'esprit, monsieur André; ce n'est point d'aujourd'hui que je m'en aperçois, croyez-le, et vous pourriez être invité à la table de tous les rois de la terre, si l'esprit suffisait à ouvrir les portes des châteaux royaux. Vous avez comparé votre père à Samuel Bernard, monsieur André; moi qui connais son inattaquable probité et sa largeur en affaires, j'accepte pour mon compte la comparaison. Samuel Bernard était un noble cœur, qui non-seulement sous lui XIV, mais encore sous Louis XV, a rendu de grands services à la France. Eh bien, qu'avez-vous à me regarder ainsi?

— Je ne vous regarde pas, madame, je vous admire.

— Et pourquoi?

— Parce que je pense que vous êtes probablement la seule femme à Naples qui sache ce que c'est que Samuel Bernard et qui ait le talent de faire un compliment à un homme qui reconnaît le premier qu'ayant une simple visite à vous faire, il se présente à vous dans un accoutrement ridicule.

— Faut-il que je vous fasse mes excuses, monsieur André? Je suis prête.

— Oh! non, madame, non! Le sarcasme lui-même, en passant par votre bouche, deviendrait une charmante causerie, que l'homme le plus vaniteux voudrait prolonger, fût-ce aux dépens de son amour-propre.

— En vérité, monsieur André, répliqua Luisa, vous commencez à m'embarrasser, et je me hâte, pour sortir d'embarras, de vous demander s'il existe une nouvelle route qui passe par Mergellina pour aller à Caserte.

— Non; mais, ne devant être à Caserte qu'à deux heures, j'ai cru, madame, que j'aurais le temps de vous parler d'une affaire qui se rattache justement à ce voyage de Caserte.

— Ah! mon Dieu, cher monsieur André, vous ne voudriez pas, je le présume, profiter de votre faveur pour me faire nommer dame d'honneur de la reine? Je vous préviens d'avance que je refuserais.

— Dieu m'en garde! Quoique serviteur dévoué de la famille royale et prêt à donner ma vie, et je vais vous parler en banquier, plus que ma vie, mon argent pour elle, je sais qu'il est des âmes pures qui doivent se tenir éloignées de régions où l'on respire une certaine atmosphère..., de même que les santés qui veulent rester intactes doivent s'éloigner des miasmes des marais Pontins et des vapeurs du lac d'Agnano; mais l'or, qui est un métal inaltérable, peut se montrer là où hésiterait à se risquer le cristal, plus facile à ternir. Notre maison engage une grande affaire avec le roi, madame; le roi nous fait l'honneur de nous emprunter vingt-cinq millions, garantis par l'Angleterre; c'est une affaire sûre, dans laquelle l'argent placé peut rapporter sept et huit, au lieu de quatre ou cinq pour cent; vous avez un demi-million placé chez nous, madame; on va s'empresser de nous demander des coupons de cet emprunt dans lequel notre maison entre personnellement pour huit millions; je viens donc vous demander, avant que nous rendions l'affaire publique, si vous désirez que nous vous y fassions participer.

— Cher monsieur Backer, je vous suis on ne peut plus obligée de la démarche, répliqua Luisa; mais vous savez que les affaires, et surtout les affaires d'argent, ne me regardent point, qu'elles regardent seulement le chevalier; or, à cette heure, le chevalier, vous connaissez ses habitudes, cause très-probablement du haut de son échelle avec Son Altesse royale le prince de Calabre; c'était donc à la bibliothèque du palais qu'il fallait aller si vous vouliez le rencontrer et non ici ; d'ailleurs, la présence de l'héritier de la couronne eût, infiniment mieux que la mienne, utilisé votre habit de cérémonie.

— Vous êtes cruel, madame, pour un homme qui, ayant si rarement l'occasion de vous présenter ses hommages, saisit avec avidité cette occasion quand elle se présente.

— Je croyais, répliqua Luisa du ton le plus naïf, que le chevalier vous avait dit, monsieur Backer, que nous étions toujours et particulièrement les jeudis à la maison, de six à dix heures du soir. S'il l'avait oublié, je m'empresse de vous le dire en son lieu et place ; si vous l'avez oublié seulement, je vous le rappelle.

— Oh ! madame ! madame ! balbutia André, si vous l'eussiez voulu, vous eussiez rendu bien heureux un homme qui vous aimait et qui est forcé de vous adorer seulement.

Luisa le regarda de son grand œil noir, calme et limpide comme un diamant de Nigritie ; puis, allant à lui et lui tendant la main :

— Monsieur Backer, lui dit-elle, vous m'avez fait l'honneur de demander à Luisa Molina la main que la chevalière San-Felice vous tend ; si je permettais que vous la serrassiez à un autre titre que celui d'ami, vous vous seriez trompé sur moi et vous seriez adressé à une femme qui n'eût point été digne de vous; ce n'est point un caprice d'un instant qui m'a fait vous préférer le chevalier, qui a près de trois fois mon âge et de deux fois le vôtre; c'est le profond sentiment de reconnaissance filiale que je lui avais voué; ce qu'il était pour moi il y a deux ans, il l'est encore aujourd'hui; restez de votre côté ce que le chevalier, qui vous estime, vous a offert d'être, c'est-à-dire mon ami, et prouvez-moi que vous êtes digne de cette amitié en ne me rappelant jamais une circonstance où j'ai été forcée de blesser, par un refus qui n'avait rien de fâcheux cependant, un noble cœur qui ne doit garder ni rancune ni espoir.

Puis, avec une révérence pleine de dignité :

— Le chevalier aura l'honneur de passer chez monsieur votre père, lui dit-elle, et de lui donner une réponse.

— Si vous ne permettez ni que l'on vous aime ni que l'on vous adore, répondit le jeune homme, vous ne pouvez empêcher du moins que l'on ne vous admire.

Et, saluant à son tour avec les marques du plus profond respect, il se retira en étouffant un soupir.

Quant à Luisa, sans penser dans sa bonne foi juvénile qu'elle démentait peut-être, par l'action, la morale qu'elle venait de prêcher, à peine entendit-elle la porte de la rue se refermer sur André Backer et sa voiture s'éloigner, qu'elle s'élança par le corridor et regagna la chambre du blessé, avec la promptitude et presque la légèreté de l'oiseau qui revient à son nid.

Son premier regard, en entrant dans la chambre, fut naturellement pour Salvato.

Il était très-pâle, il avait les yeux fermés, et son visage, rigide comme le marbre, avait pris l'expression d'une vive douleur.

Inquiète, Luisa courut à lui, et, comme à son approche il n'ouvrait pas les yeux, quoique ce fût son habitude :

— Dormez-vous, mon ami? lui demanda-t-elle en français, ou, continua-t-elle avec une voix à l'anxiété de laquelle il n'y avait point à se méprendre, ou seriez-vous évanoui?

— Je ne dors pas, je ne suis pas évanoui; tranquillisez-vous, madame, dit Salvato en entr'ouvrant les yeux, mais sans regarder Luisa.

— Madame! répéta Luisa étonnée, madame!

— Seulement, reprit le jeune homme, je souffre.

— De quoi?

— De ma blessure.

— Vous me trompez, mon ami... Oh! j'ai étudié l'expression de votre physionomie pendant trois jours d'agonie, allez ! Non, vous ne souffrez pas de votre blessure; vous souffrez d'une douleur morale.

Salvato secoua la tête.

— Dites-moi tout de suite quelle est cette douleur? s'écria Luisa. Je le veux.

— Vous le voulez? demanda Salvato. C'est vous qui le voulez, comprenez-vous bien?

— Oui, c'est mon droit; le docteur n'a-t-il pas dit que je devais vous épargner toute émotion?

— Eh bien, puisque vous le voulez, dit Salvato regardant fixement la jeune femme, je suis jaloux.

— Jaloux! de qui, mon Dieu? dit Luisa.

— De vous.

— De moi! s'écria-t-elle sans même songer à se fâcher cette fois. Pourquoi? comment? à quel propos? Pour être jaloux, il faut un motif.

— D'où vient que vous êtes restée une demie-heure hors de cette chambre, quand vous ne deviez rester que quelques instants? Et que vous est donc ce M. Backer qui a le privilége de me voler une demi-heure de votre présence?

Le visage de la jeune femme prit une céleste expression de bonheur; Salvato venait, lui aussi, de lui dire qu'il l'aimait sans prononcer le mot d'amour; elle abaissa sa tête vers lui de manière que ses cheveux touchassent presque le visage du blessé, qu'elle enveloppa de son souffle et couvrit de son regard.

— Enfant! dit-elle avec cette mélodie de la voix qui a sa source dans les fibres les plus profondes du cœur. Ce qu'il est? ce qu'il vient faire? pourquoi il est resté si longtemps? Je vais vous le dire.

— Non, non, non, murmura le blessé, non, je n'ai plus besoin de rien savoir; merci, merci!

— Merci de quoi? Pourquoi merci?

— Parce que vos yeux m'ont tout dit, ma bien-aimée Luisa. Ah! votre main! votre main!

Luisa donna sa main au blessé, qui y appuya convulsivement ses lèvres, tandis qu'une larme tombait de ses yeux et tremblait, perle liquide, sur cette main.

Cet homme de bronze avait pleuré.

Sans se rendre compte de ce qu'elle faisait, Luisa porta sa main à ses lèvres et but cette larme.

Ce fut le philtre de cet irrésistible et implacable amour que lui avait prédit la sorcière Nanno.

XXXIX

LES KANGOUROUS

Le roi Ferdinand avait invité André Backer à dîner à Caserte, d'abord parce qu'il trouvait sans doute que la réception d'un banquier à sa table avait moins d'importance à la campagne qu'à la ville, ensuite parce qu'il avait reçu d'Angleterre et de Rome des envois précieux dont nous parlerons plus tard; il avait donc pressé plus que d'habitude la vente de son poisson à Mergellina, vente qui, malgré cette hâte, s'était faite, empressons-nous de le dire, à la plus grande gloire de son orgueil et à la plus grande satisfaction de sa bourse.

Caserte, le Versailles de Naples, comme nous l'avons appelé, est, en effet, une bâtisse dans le goût froid et lourd du milieu du xvIII° siecle. Les Napolitains qui n'ont point voyagé en France soutiennent que Caserte est plus beau que Versailles; ceux qui ont voyagé en France se contentent de dire que Caserte est aussi beau que Versailles; enfin, les voyageurs impartiaux qui ne partagent point l'engouement fabuleux des Napolitains pour leur pays, sans mettre Versailles très-haut, mettent Caserte fort au-dessous de Versailles ; c'est notre avis aussi, à nous, et nous ne craignons pas d'être contredit par les hommes de goût et d'art.

Avant ce château moderne de Caserte et avant la Caserte de la plaine, existaient le vieux château et la vieille Caserte de la montagne, dont il ne reste plus, au milieu de murailles ruinées, que trois ou quatre tours debout ; c'était là que s'élevait le manoir des anciens seigneurs de Caserte, dont un des derniers, en trahissant Manfred, son beau-frère, fut en partie cause de la perte de la bataille de Bénévent.

On a beaucoup reproché à Louis XIV le malheurux choix du site de Versailles, que l'on a appelé un favori sans mérite ; nous ferons le même reproche au roi Charles III ; mais Louis XIV avait au moins cette excuse de la piété filiale, qu'il voulait conserver, en l'encadrant dans une bâtisse nouvelle, le charmant petit château de briques et de marbre, rendez-vous de chasse de son père. Cette piété filiale coûta un milliard à la France.

Charles III, lui, n'a pas d'excuse. Rien ne le forçait, dans un pays où les sites délicieux abondent, de choisir une plaine aride, au pied d'une montagne pelée, sans verdure et sans eau ; l'architecte Vanvitelli, qui bâtit Caserte, dut planter tout un jardin autour de l'ancien parc des seigneurs et faire descendre de l'eau du mont Taburno, comme, au contraire, Rennequin-Sualem dut faire monter la sienne de la rivière sur la montagne, à l'aide de sa machine de Marly.

Charles III commença le château de Caserte vers 1752; Ferdinand, qui monta sur le trône en 1759, le continua, et ne l'avait pas encore terminé vers le commencement d'octobre 1798, époque à laquelle nous sommes arrivés.

Ses appartements seulement, ceux de la reine et des princes et princesses, c'est-à-dire le tiers du château à peine, étaient meublés.

Mais, depuis huit jours, Caserte contenait des trésors qui méritaient de faire venir des quatre parties du monde les amateurs de la statuaire, de la peinture et même de l'histoire naturelle.

Ferdinand venait d'y faire transporter de Rome et d'y faire déposer, en attendant que les salles du château de Capodimonte fussent prêtes pour le recevoir, l'héritage artistique de son aïeul le pape Paul III, celui-là même qui excommunia Henri VIII, qui signa avec Charles V et Venise une ligue contre les Turcs, et qui fit, en la confiant à Michel-Ange, reprendre la construction de Saint-Pierre.

Mais, en même temps que les chefs-d'œuvre du ciseau grec et du pinceau du moyen âge arrivaient de Rome, une autre expédition était venue d'Angleterre qui préoccupait bien autrement la curiosité de Sa Majesté le roi des Deux-Siciles.

C'était d'abord un musée ethnologique recueilli aux îles Sandwich par l'expédition qui avait succédé à celle où le capitaine Cook avait péri, et dix-huit kangourous vivants, mâles et femelles, rapportés de la Nouvelle-Zélande, et dans l'attente desquels Ferdinand avait fait préparer, au milieu du parc de Caserte, un magnifique enclos avec cabines pour ces intéressants quadrupèdes, — si toutefois on peut nommer quadrupèdes, ces difformes marsupiaux avec leurs immenses pattes de derrière qui leur permettent de faire des bonds de vingt pieds et les moignons qui leur servent de pattes de devant. — Or, on venait justement de les faire sortir de leurs cages et de les lancer dans leur enceinte, et le roi Ferdinand s'ébahissait aux bonds immenses qu'ils accomplissaient, effrayés qu'ils étaient par les aboiements de Jupiter, lorsqu'on vint lui annoncer l'arrivée de M. André Backer.

— C'est bien, c'est bien, dit le roi, amenez-le ici, je vais lui montrer une chose qu'il n'a jamais vue, et qu'avec tous ses millions il ne saurait acheter.

Le roi ne se mettait d'habitude à table qu'à quatre heures; mais, pour avoir tout le temps de causer avec le jeune banquier, il lui avait donné rendez-vous à deux heures.

Un valet de pied conduisit André Backer vers la partie du parc où était le domicile des kangourous.

Le roi, apercevant de loin le jeune homme, fit quelques pas au-devant de lui; il ne connaissait le père et le fils que comme étant les premiers banquiers de Naples, et le titre de banquiers du roi qu'ils avaient obtenu les avait mis en contact avec les intendants et le ministre des finances de Sa Majesté, jamais avec Sa Majesté elle-même.

C'était Corradino qui, jusque-là, avait traité de l'emprunt, fait les ouvertures, et proposé au roi, pour rendre les banquiers plus coulants, de caresser leur orgueil en donnant à l'un ou à l'autre la croix de Saint-Georges Constantinen.

Cette croix avait naturellement été offerte au chef de la maison, c'est-à-dire à Simon Backer; mais celui-ci, homme simple, avait renvoyé l'offre à son fils, proposant de fonder en son nom une commanderie de cinquante mille livres, fondation qui ne s'obtenait que par faveur spéciale du roi; la proposition avait été acceptée, de sorte que c'était son fils, — à l'avenir duquel cette marque distinctive pouvait être utile, surtout pour rapprocher, à l'occasion d'un mariage, l'aristocratie d'argent de l'aristocratie de naissance, — de sorte que c'était son fils qui avait été nommé commandeur à sa place.

Nous avons vu que le jeune André Backer avait bonne tournure, qu'il était cité parmi les jeunes gens élégants de Naples, et nous avons pu voir, aux quelques mots échangés entre lui et Luisa San-Felice, qu'il était à la fois homme d'éducation et homme d'esprit; aussi, beaucoup de dames de Naples n'avaient-elles pas pour lui la même indifférence que notre héroïne, et beaucoup de mères de famille eussent-elles désiré que le jeune banquier, beau, riche, élégant, leur fît, à l'égard de leur fille, la même proposition qu'André Backer avait faite au chevalier à l'endroit de sa pupille.

Il aborda donc le roi avec beaucoup de mesure et de respect, mais avec beaucoup moins d'embarras qu'une heure auparavant, il n'avait abordé la San-Felice.

Les salutations faites, il attendit que le roi lui adressât le premier la parole.

Le roi l'examina des pieds à la tête et commença par faire une légère grimace.

Il est vrai qu'André Backer n'avait ni favoris ni moustaches; mais il n'avait non plus ni poudre ni queue, ornement et appendice sans lesquels, dans l'esprit du roi, il ne pouvait y avoir d'homme pensant parfaitement bien.

Mais, comme le roi tenait fort à toucher ses vingt-cinq millions, et que peu lui importait, au bout du compte, que celui qui les lui baillerait, eût de la poudre à la tête et une queue à la nuque, pourvu qu'il les lui baillât, tout en tenant ses mains derrière son dos, il rendit gracieusement son salut au jeune banquier.

— Eh bien, monsieur Backer, fit-il, où en est notre négociation ?

— Sa Majesté me permettra-t-elle de lui demander de quelle négociation elle veut parler ? répliqua le jeune homme.

— Celle des vingt-cinq millions.

— Je croyais, sire, que mon père avait eu l'honneur de répondre au ministre des finances de Votre Majesté que c'était chose arrangée.

— Ou qui s'arrangerait.

— Non point, sire, arrangée. Les désirs du roi sont des ordres.

— Alors, vous venez m'annoncer… ?

— Que Sa Majesté peut regarder la chose comme faite; demain commenceront les versements, à notre caisse, des différentes maisons que mon père fait participer à l'emprunt.

— Et pour combien la maison Backer entre-t-elle personnellement dans cet emprunt?

— Pour huit millions, sire, qui sont dès à présent à la disposition de Votre Majesté.

— A ma disposition?

— Oui sire.

— Et quand cela?

— Mais demain, mais ce soir. Sa Majesté peut les faire prendre sur un simple reçu de son ministre des finances.

— Le mien ne vaudrait pas autant? demanda le roi.

— Mieux sire; mais je n'espérais pas que le roi fît à notre maison l'honneur de lui donner un reçu de sa main.

— Si fait, si fait, monsieur, je le donnerai et avec grand plaisir!... Ainsi vous dites que ce soir...?

— Ce soir, si Votre Majesté le désire; mais, en ce cas, comme la caisse ferme à six heures, il faudrait que Votre Majesté permît que j'envoyasse un exprès à mon père.

— Comme je ne serais point fâché, mon cher monsieur Backer, que l'on ne sût pas que j'ai touché cet argent, dit le roi en se grattant l'oreille, attendu que cet argent est destiné à faire une surprise, il me serait agréable qu'il fût transporté cette nuit au palais.

— Cela sera fait, sire; seulement, comme j'ai eu l'honneur de le dire à Votre Majesté, mon père doit être prévenu.

— Voulez-vous revenir au palais pour écrire? demanda le roi.

— Ce que je voudrais surtout, sire, c'est de ne pas déranger le roi dans sa promenade; il suffit donc de deux mots écrits au crayon ; ces deux mots remis à mon valet de pied, il prendra un cheval de poste et les portera à mon père.

— Il y a un moyen bien plus simple, c'est de renvoyer votre voiture.

— Encore... Le cocher changera de chevaux et reviendra me prendre.

— Inutile, je retourne à Naples vers les sept heures du soir, je vous reconduirai.

— Sire! ce sera bien de l'honneur pour un pauvre banquier, dit le jeune homme en s'inclinant.

— La peste! vous appelez un pauvre banquier l'homme qui m'escompte en une semaine une lettre de change de vingt-cinq millions, et qui, du jour au lendemain, en met huit à ma disposition! Je suis roi, monsieur, roi des Deux-Siciles, à ce que l'on dit du moins, eh bien, je déclare que, si j'avais huit millions à vous payer d'ici à demain, je vous demanderais du temps.

André Backer tira un petit agenda de sa poche, déchira une feuille de papier, écrivit dessus quelques lignes au crayon, et, se tournant vers le roi :

— Sa Majesté me permet-elle de donner un ordre à cet homme? demanda-t-il.

Et il désignait le valet de pied qui l'avait conduit vers le roi, et qui, s'étant retiré à l'écart, attendait la permission de retourner au château.

— Donnez, donnez, pardieu! dit le roi.

— Mon ami, fit André Backer, vous donnerez ce papier à mon cocher, qui partira à l'instant même pour Naples et le remettra à mon père. Il est inutile qu'il revienne, Sa Majesté me fait l'honneur de me ramener.

Et, en prononçant ces paroles, il s'inclina respectueusement du côté du roi.

— Si ce garçon-là avait de la poudre et une queue, dit Ferdinand, il n'y aurait à Naples ni duc ni marquis pour lui damer le pion... Enfin, on ne peut pas tout avoir.

Puis, tout haut :

— Venez, venez monsieur Backer, et je vais vous

montrer à coup sûr des animaux que vous ne connaissez pas.

Backer obéit à l'ordre du roi, marcha près de lui en ayant soin de se tenir un peu en arrière.

Le roi le conduisit droit à l'enceinte où étaient enfermés les animaux qui, selon lui, devaient être inconnus au jeune banquier.

— Tiens, dit celui-ci, ce sont des kangourous!
— Vous les connaissez? s'écria le roi.
— Oh! sire, dit André, j'en ai tué des centaines.
— Vous avez tué des centaines de kangourous?
— Oui, sire.
— Où cela?
— Mais en Australie.
— Vous avez été en Australie?
— J'en suis revenu il y a trois ans.
— Et que diable alliez-vous faire en Australie?
— Mon père, dont je suis le fils unique, est très-bon pour moi; après m'avoir mis, depuis l'âge de douze ans jusqu'à celui de quinze, à l'université d'Iéna, il m'a envoyé de quinze à dix-huit ans terminer mon éducation en Angleterre; enfin, comme je désirais faire un voyage autour du monde, mon père y consentit. Le capitaine Flinders allait partir pour son premier voyage de circumnavigation, j'obtins du gouvernement anglais la permission de partir

avec lui. Notre voyage dura trois ans; c'est alors qu'ayant découvert, sur la côte méridionale de la Nouvelle-Hollande, quelques îles inconnues, il leur donna le nom d'îles des Kangourous, à cause de l'énorme quantité de ces animaux qu'il y rencontra. N'ayant rien à faire que de chasser, je m'en donnai à cœur joie, et, chaque jour, j'en envoyais assez à bord pour faire une ration de viande fraîche à chaque homme de l'équipage. Depuis, Flinders a fait un second voyage avec Bass, et il paraît qu'ils viennent de découvrir un détroit qui sépare la terre de Van-Diemen du continent.

— La terre de Van-Diemen du continent! un détroit! Ah! ah! fit le roi, qui ne savait pas du tout ce que c'était que la terre de Van-Diemen et qui savait à peine ce que c'était qu'un continent, alors vous connaissez ces animaux-là, et moi qui croyais vous montrer quelque chose de nouveau!

— C'est quelque chose de nouveau, sire, et de très-nouveau même, non-seulement pour Naples, mais encore pour l'Europe, et, au point de vue de la curiosité, je crois que Naples est, avec Londres, la seule ville qui en possède un pareil spécimen.

— Hamilton ne m'a donc point trompé en me disant que le kangourou est un animal fort rare?

— Fort rare, il a dit la vérité, sire.

— Alors, je ne regrette pas mes papyrus.

— Votre Majesté les a échangés contre des papyrus? s'écria André Backer.

— Ma foi, oui; on avait retrouvé à Herculanum vingt-cinq ou trente rouleaux de charbon, que l'on s'était empressé de m'apporter comme les choses les plus précieuses de la terre. Hamilton les a vus chez moi; il est amateur de toutes ces antiquailles; il m'avait parlé des kangourous; je lui avais exprimé le désir d'en avoir pour essayer de les acclimater dans mes forêts; il m'a demandé si je voulais donner au musée de Londres autant de rouleaux de papyrus que le jardin zoologique de Londres me donnerait de kangourous. Je lui ai dit : « Faites venir vos kangourous, et bien vite! » Avant-hier, il m'a annoncé mes dix-huit kangourous, et je lui ai donné ses dix-huit papyrus.

— Sir William n'a point fait un mauvais marché, dit en souriant Backer; seulement, sauront-ils là-bas les dérouler et les déchiffrer comme on sait le faire ici?

— Dérouler quoi?

— Les papyrus.

— Cela se déroule donc?

— Sans doute, sire, et c'est ainsi que l'on a retrouvé plusieurs manuscrits précieux que l'on croyait perdus; peut-être retrouvera-t-on un jour le Panégyrique de Virginius par Tacite, son discours contre le proconsul Marcus-Priscus et ses Poésies qui nous manquent; peut-être même sont-ils parmi ces papyrus dont vous ignoriez la valeur, sire, et que vous avez donnés à sir William.

— Diable! diable! diable! fit le roi; et vous dites que ce serait une perte, monsieur Backer?

— Irréparable, sire!

— Irréparable! Pourvu, maintenant que j'ai fait un pareil sacrifice pour eux, pourvu que mes kangourous se reproduisent! Qu'en pensez-vous, monsieur Backer?

— J'en doute fort, sire.

— Diable! Il est vrai que, pour son musée polynésien, qui est fort curieux, comme vous allez voir, je ne lui ai donné que de vieux vases de terre cassés. Venez voir le musée polynésien de sir William Hamilton; venez.

Le roi se dirigea vers le château, Backer le suivit.

Le musée de sir William Hamilton n'étonna pas plus André Backer que ne l'avaient étonné ses kangourous; lui-même, dans son voyage avec Flinders, avait relâché aux îles Sandwich, et, grâce au vocabulaire polynésien recueilli par lui, pendant son séjour dans l'archipel d'Hawaï, il put non-seulement désigner au roi l'usage de chaque arme, le but de chaque instrument, mais encore lui dire les noms par lesquels ces armes et ces instruments étaient désignés dans le pays.

Backer s'informa quels étaient les vieux pots de terre cassés que le roi avait donnés en échange de ces curiosités de marchand de bric-à-bric, et le roi lui montra cinq ou six magnifiques vases grecs trouvés dans les fouilles de Sant'Agata-dei-Goti, nobles et précieux débris d'une civilisation disparue et qui eussent enrichi les plus riches musées. Quelques-uns étaient brisés, en effet; mais on sait avec quelle facilité et quel art ces chefs-d'œuvre de forme et de peinture se raccommodent, et combien les traces mêmes qu'a laissées sur eux la main pesante du temps les rendent plus précieux, puisqu'elles prouvent leur antiquité et leur passage aventureux à travers les siècles.

Backer poussa un soupir d'artiste; il eût donné cent mille francs de ces vieux pots brisés, comme les appelait Ferdinand, et n'eût pas donné dix ducats des casse-têtes, des arcs et des flèches recueillis dans le royaume de Sa Majesté Kamehameha Ier, qui, tout sauvage qu'il était, n'eût point fait pis en pareille circonstance que son confrère européen Ferdinand IV.

Le roi, passablement désappointé de voir le peu d'admiration que son hôte avait manifesté pour les kangourous australiens et le musée sandwichois, espérait prendre sa revanche devant ses statues et ses tableaux. Là, le jeune banquier laissa éclater son admiration, mais non son étonnement. Pendant ses fréquents voyages à Rome, il avait, grand amateur qu'il était de beaux-arts, visité le musée Farnèse, de sorte que ce fut lui qui fit les honneurs au roi de son splendide héritage ; il lui dit les noms probables des deux auteurs du taureau Farnèse, Appollonius et Taureseus, et, sans pouvoir affirmer ces noms, il affirma au moins que le groupe, dont il fit remarquer au roi les parties modernes, était de l'école d'Agesandre de Rhodes, auteur de Laocoon. Il lui raconta l'histoire de Dircé, personnage principal de ce groupe, histoire dont le roi n'avait pas la première idée ; il l'aida à déchiffrer les trois mots grecs qui se trouvent gravés au pied de l'Hercule colossal, connu, lui aussi, sous le nom d'Hercule Farnèse : ΓΛΙΚΟΝ ΑΤΑΙΝΑΙΟΣ ΕΠΙΕΣΕ, et lui expliqua que cela voulait dire en italien *Glicone Ateniense faceva*, c'est-à-dire : *Glicon, d'Athènes, a fait cette statue;* il lui apprit qu'un des chefs-d'œuvre de ce musée était une Espérance qu'un sculpteur moderne a restaurée en Flore, et qui, de là, est connue à tous sous le nom de Flore Farnèse. Parmi les tableaux, il lui signala comme des chefs-d'œuvre du Titien la Danaé recevant la pluie d'or, et le magnifique portrait de Philippe II, ce roi qui n'avait jamais ri, et qui, frappé de la main de Dieu, sans doute en punition des victimes humaines qu'il lui avait sacrifiées, mourut de cette terrible et immonde maladie pédiculaire dont était mort Sylla et dont devait mourir Ferdinand II, qui, à cette époque, n'était pas encore né. Il feuilleta avec lui l'office de la Vierge de Julio Clovio, chef-d'œuvre d'imagerie du xvie siècle, qui fut transporté il y a sept ou huit ans, du musée bourbonien au palais royal, et qui a disparu comme disparaissent à Naples tant de choses précieuses, qui n'ont pas même pour excuse de leur disparition cet amour frénétique et indomptable de l'art qui fit de Cardillac un assassin, et du marquis Campana un dépositaire infidèle; enfin il émerveilla le roi, qui, croyant trouver en lui une espèce de Turcaret ignorant et vaniteux, venait d'y découvrir, au contraire, un amateur d'art érudit et courtois.

Et il en résulta, comme Ferdinand était au fond un prince d'un grand bon sens et de beaucoup d'esprit, qu'au lieu d'en vouloir au jeune banquier d'être un homme instruit, quand lui, roi, n'était, comme il le disait lui-même, qu'un âne, il le présenta à la reine, à Acton, à sir William, à Emma Lyonna, non plus avec les égards douteux rendus à l'homme d'argent, mais avec cette courtoise protection que les princes intelligents accordent toujours aux hommes d'esprit et d'éducation.

Cette présentation fut pour André Backer une nouvelle occasion de faire valoir de nouvelles études ; il parla allemand avec la reine, anglais avec sir William et lady Hamilton, français avec Acton, mais, au milieu de tout cela, resta tellement modeste et convenable, qu'en montant en voiture pour le ramener à Naples, le roi lui dit :

— Monsieur Backer, vous eussiez conservé votre voiture que je ne vous en eusse pas moins ramené dans la mienne, ne fût-ce que pour me procurer plus longtemps le plaisir de votre conversation.

Nous verrons plus tard que le roi s'était fort attaché en effet, pendant cette journée, à André Backer, et notre récit montrera, dans la suite, par quelle implacable vengeance il prouva à ce malheureux jeune homme, victime de son dévouement à la cause royale, la sincérité de son amitié pour lui.

XXX

L'HOMME PROPOSE

A peine le roi fut-il parti, emmenant avec lui André Backer, que la reine Caroline, qui, jusque-là, n'avait pu parler au capitaine général Acton, arrivé seulement au moment où l'on allait se mettre à table, se leva, lui fit, en se levant, signe de la suivre, recommanda à Emma et à sir William de faire les honneurs du salon si quelques-unes des personnes invitées arrivaient avant son retour, et passa dans son cabinet.

Acton y entra derrière elle.

Elle s'assit et fit signe à Acton de s'asseoir.

— Eh bien? lui demanda-t-elle.

— Votre Majesté, répliqua Acton, m'interroge probablement à propos de la lettre?

— Sans doute! N'avez-vous pas reçu deux billets de moi qui vous priaient de faire l'expérience? Je me sens entourée de poignards et de complots, et j'ai hâte de voir clair dans toute cette affaire.

— Comme je l'avais promis à Votre Majesté, je suis arrivé à enlever le sang.

— La question n'était point là ; il s'agissait de savoir si, en enlevant le sang, l'écriture persisterait... L'écriture a-t-elle persisté ?

— D'une façon encore assez distincte pour que je puisse lire avec une loupe.

— Et vous l'avez lue ?

— Oui, madame.

— C'était donc une opération bien difficile, que vous y avez mis un si long temps ?

— Oserai-je faire observer à Votre Majesté que je n'avais point précisément que cela à faire ; puis j'avoue qu'à cause même de l'importance que vous mettiez au succès de l'opération, j'ai beaucoup tâtonné ; j'ai fait cinq ou six essais différents, non point sur la lettre elle-même, mais sur d'autres lettres que j'ai tenté de mettre dans des conditions pareilles. J'ai essayé de l'oxalate de potasse, de l'acide tartrique, de l'acide muriatique, et chacune de ces substances a enlevé l'encre avec le sang. Hier seulement, en songeant que le sang humain contenait, dans les conditions ordinaires, de 65 à 70 parties d'eau et qu'il ne se caillait que par la volatilisation de cette eau, j'ai eu l'idée d'exposer la lettre à la vapeur, afin de rendre au sang caillé une quantité d'eau suffisante à sa liquéfaction, et alors, en tamponnant le sang avec un mouchoir de batiste et en versant de l'eau sur la lettre disposée en pente, je suis arrivé à un résultat que j'eusse mis immédiatement sous les yeux de Votre Majesté, si je n'eusse su qu'au contraire des autres femmes, les moyens, pour elle qui n'est étrangère à aucune science, la préoccupent autant que le résultat.

La reine sourit : un pareil éloge était celui qui pouvait le plus flatter son amour-propre.

— Voyons le résultat, dit la reine.

Acton tendit à Caroline la lettre qu'il avait reçue d'elle pendant la nuit du 22 au 23 septembre, et qu'elle lui avait donnée pour en faire disparaître le sang.

Le sang avait, en effet, disparu, mais partout où il y avait eu du sang, l'encre avait laissé une si faible trace, qu'au premier aspect, la reine s'écria :

— Impossible de lire, monsieur.

— Si fait, madame, répondit Acton ; avec une loupe et un peu d'imagination, Votre Majesté va voir que nous allons arriver à recomposer la lettre tout entière.

— Avez vous une loupe?

— La voici.

— Donnez.

Au premier abord, la reine avait raison; car, à part les trois ou quatres premières lignes, qui avaient toujours été à peu près intactes, voici tout ce qu'à l'œil nu, et à l'aide de deux bougies, on pouvait lire de la lettre :

« Cher Nicolino,

» Excuse ta pauvre amie si elle n'a pu aller au dez-vous où elle se promettait tant de bonhe
oint de ma faute, je te le jure ; ce n'est
prè   j'ai été avertie par la rein   e
devais   prête avec les autres   la
cour   au-devant de l'amiral   fera
de   agnifiques, et la reine   à lui
. oute sa gloire ; elle   de me
que j'étais un   avec   elle
comptait éblouir   du Nil   une
opération moins   lui   tout autre, puisqu'il n'a   nt jaloux :
j'aimerai toujo   phème.

» Après-de   un mot   t'indiquera le
our où je   libre.

» Ta   et fidèle
» E.

» 21 septembre 1798. »

La reine, quoiqu'elle eût la loupe entre les mains, essaya d'abord de relier les mots les uns aux autres mais, avec son caractère impatient, elle fut vite fatiguée de ce travail infructueux, et, portant la loupe à son œil, elle parvint bientôt à lire difficilement, mais enfin elle lut les lignes suivantes, qui lui présentèrent la lettre dans tout son ensemble :

« Cher Nicolino,

» Excuse ta pauvre amie si elle n'a pu aller au rendez-vous où elle se promettait tant de bonheur; il n'y a point de ma faute, je te le jure ; ce n'est qu'après t'avoir vu que j'ai été avertie par la reine que je devais me tenir prête avec les autres dames de la cour à aller au-devant de l'amiral Nelson. On lui fera des fêtes magnifiques, et la reine veut se montrer à lui dans toute sa gloire; elle m'a fait l'honneur de me dire que j'étais un des rayons avec lesquels elle comptait éblouir le vainqueur du Nil. Ce sera une opération moins méritante sur lui que sur tout autre, puisqu'il n'a qu'un œil; ne sois point jaloux : j'aimerai toujours mieux Acis que Polyphème.

» Après demain, un mot de moi t'indiquera le jour où je serai libre.

» Ta tendre et fidèle

» E.

» 24 septembre 1798. »

— Hum! fit la reine après avoir lu, savez-vous, général, que tout cela ne nous apprend pas grand'chose et que l'on croirait que la personne qui a écrit cette lettre avait deviné qu'elle serait lue par un autre que celui auquel elle était adressée? Oh! oh! la dame est une femme de précaution!

— Votre Majesté sait que, si l'on a un reproche à faire aux dames de la cour, ce n'est point celui d'une trop grande innocence; mais l'auteur de cette lettre n'a pas encore pris assez de précautions; car, ce soir même, nous saurons à quoi nous en tenir sur son compte.

— Comment cela?

— Votre Majesté a-t-elle eu la bonté de faire inviter, pour ce soir à Caserte, toutes les dames de la cour dont les noms de baptême commencent par un E, et qui ont eu l'honneur de lui faire cortége, lorsqu'elle a été au-devant de l'amiral Nelson?

— Oui, elles sont sept.

— Lesquelles, s'il vous plait, madame?

— La princesse de Cariati, qui s'appelle *Emilia;* la comtesse de San-Marco, qui s'appelle *Eleonora;* la marquise San-Clemente, qui s'appelle *Elena;* la duchesse de Termoli, qui s'appelle *Elisabetta;* la duchesse de Tursi, qui s'appelle *Elisa;* la marquise d'Altavilla, qui s'appelle *Eufrasia,* et la comtesse de Policastro, qui s'appelle *Eugenia*. Je ne compte point lady Hamilton, qui s'appelle Emma; elle ne saurait être pour rien dans une pareille affaire. Donc, vous le voyez, nous avons sept personnes compromises.

— Oui; mais, sur ces sept personnes, répliqua Acton en riant, il y en a deux qui ne sont plus d'âge à signer des lettres par de simples initiales.

— C'est juste! Restent cinq. Après?

— Après, c'est bien simple, madame, et je ne sais pas même comment Votre Majesté se donne la peine d'écouter le reste de mon plan.

— Que voulez-vous, mon cher Acton! il y a des jours où je suis vraiment stupide, et il paraît que je suis dans un de ces jours-là.

— Votre Majesté a bonne envie de me dire à moi la grosse injure qu'elle vient de se dire à elle-même.

— Oui; car vous m'impatientez avec toutes vos circonlocutions.

— Hélas! madame, on n'est point diplomate pour rien.

— Achevons.

— Ce sera fait en deux mots.

— Dites-les alors, ces deux mots! fit la reine impatientée.

— Que Votre Majesté invente un moyen de mettre

une plume aux mains de chacune de ces dames, et, en comparant les écritures...

— Vous avez raison, dit la reine en posant sa main sur celle d'Acton ; la maîtresse connue, l'amant le sera bientôt. Rentrons.

Et elle se leva.

— Avec la permission de Votre Majesté, je lui demanderai encore dix minutes d'audience.

— Pour choses importantes?

— Pour affaires de la plus haute gravité.

— Dites, fit la reine en se rasseyant.

— La nuit où Votre Majesté me remit cette lettre, elle se rappelle avoir vu, à trois heures du matin, la chambre du roi éclairée ?

— Oui, puisque je lui écrivis...

— Votre Majesté sait avec qui le roi s'entretenait si tard?

— Avec le cardinal Ruffo, mon huissier me l'a dit.

— Eh bien, à la suite de sa conversation avec le cardinal Ruffo, le roi a fait partir un courrier.

— J'ai, en effet, entendu le galop d'un cheval qui passait sous les voûtes. Quel était ce courrier?

— Son homme de confiance, Ferrari.

— D'où savez-vous cela?

— Mon palefrenier anglais Tom couche dans les

écuries ; il a vu, à trois heures du matin, Ferrari, en costume de voyage, entrer dans l'écurie, seller un cheval lui-même et partir. Le lendemain, en me tenant l'étrier, il m'a dit cela.

— Eh bien?

— Eh bien, madame, je me suis demandé à qui, après une conversation avec le cardinal, Sa Majesté pouvait envoyer un courrier, et j'ai pensé que ce n'était qu'à son neveu l'empereur d'Autriche.

— Le roi aurait fait cela sans m'en prévenir?

— Pas le roi! le cardinal, répondit Acton.

— Oh! oh! fit la reine Caroline en fronçant le sourcil, je ne suis pas Anne d'Autriche et M. Ruffo n'est point Richelieu ; qu'il prenne garde!

— J'ai pensé que la chose était sérieuse.

— Êtes-vous sûr que Ferrari allait à Vienne?

— J'avais quelques doutes à ce sujet; mais ils ont été bientôt dissipés. J'ai envoyé Tom sur la route pour savoir si Ferrari avait pris la poste.

— Eh bien?

— Il l'a prise à Capoue, où il a laissé son cheval, en disant au maître de poste qu'il en eût bien soin, que c'était un cheval des écuries du roi, et qu'il le reprendrait à son retour, c'est-à-dire dans la nuit du 3 octobre, ou dans la matinée du 4.

— Onze ou douze jours.

— Juste le temps qu'il lui faut pour aller à Vienne et en revenir.

— Et, à la suite de toutes ces découvertes, qu'avez-vous résolu?

— D'en prévenir Votre Majesté d'abord, et c'est ce que je viens de faire; ensuite il me semble, pour nos plans de guerre, car Votre Majesté est toujours résolue à la guerre?...

— Toujours. Une coalition se prépare qui va chasser les Français de l'Italie; les Français chassés, mon neveu l'empereur d'Autriche va mettre la main non-seulement sur les provinces qu'il possédait avant le traité de Campo-Formio, mais encore sur les Romagnes. Dans ces sortes de guerres, chacun garde ce qu'il a pris, ou n'en rend que des portions; emparons-nous donc seuls, et avant personne, des États romains, et, en rendant au pape Rome, que nous ne pouvons point garder, eh bien, nous ferons nos conditions pour le reste.

— Alors, la reine étant toujours résolue à la guerre, il est important qu'elle sache ce que le roi, moins résolu à la guerre que Votre Majesté, a pu, par le conseil du cardinal Ruffo, écrire à l'empereur d'Autriche et ce que l'peeremur d'Autriche lui a répondu.

— Vous savez une chose, général?

— Laquelle ?

— C'est qu'il ne faut attendre aucune complaisance de Ferrari ; c'est un homme entièrement au roi et que l'on assure incorruptible.

— Bon ! Philippe, père d'Alexandre, disait qu'il n'y avait point de forteresse imprenable, tant qu'y pouvait entrer un mulet chargé d'or ; nous verrons à combien le courrier Ferrari estimera son incorruptibilité.

— Et, si Ferrari refuse, quelle que soit la somme offerte ; s'il dit au roi que la reine et son ministre ont tenté de le séduire, que pensera le roi, qui devient de plus en plus défiant ?

— Votre Majesté sait qu'à mon avis le roi l'a toujours été, défiant ; mais je crois qu'il y a un moyen qui met hors de cause Votre Majesté et moi.

— Lequel ?

— Celui de lui faire faire les propositions par sir William. Si Ferrari est homme à se laisser acheter, il se laissera aussi bien acheter par sir William que par nous, d'autant plus que sir William ambassadeur d'Angleterre, a près de lui le prétexte de vouloir instruire sa cour des véritables dispositions de l'empereur d'Autriche. S'il accepte, — et il ne court aucun risque à accepter, car on ne lui demande rien que de prendre lecture de la lettre, la remettre dans son enveloppe et la recacheter; — s'il accepte, tout va bien; s'il est assez l'ennemi de ses intérêts pour refuser, au contraire, sir Hamilton lui donne une centaine de louis pour qu'il garde le secret sur la tentative faite; enfin, au pis aller de tout, s'il refuse les cent louis et ne garde pas le secret, sir William rejette tout ce que la tentative a de... — comment dirai-je cela? — de hasardé, sur la grande amitié qu'il porte à son frère de lait le roi George; si cette excuse ne lui suffit pas, il demandera au roi, sur sa parole d'honneur, si, en pareille circonstance, il n'en ferait pas autant que lui, sir William. Le roi se mettra à rire et ne donnera point sa parole d'honneur. En somme, le roi a trop grand besoin de sir William Hamilton, dans la position où il se trouve, pour lui garder une longue rancune.

— Vous croyez que sir William consentira?...

— Je lui en parlerai, et, si cela ne suffit pas, Votre Majesté lui en fera parler par sa femme.

— Maintenant, ne craignez-vous pas que Ferrari ne passe sans que nous soyons avertis?

— Rien de plus simple que d'aller au-devant de cette crainte, et je n'ai attendu pour cela que l'agrément de Votre Majesté, ne voulant rien faire sans son ordre.

— Parlez?

— Ferrari repassera cette nuit ou demain matin à la poste de Capoue, où il a laissé son cheval; j'envoie mon secrétaire à la poste de Capoue, afin que l'on prévienne Ferrari que le roi est à Caserte et y attend des dépêches; nous restons ici cette nuit et demain toute la journée; au lieu de passer devant le château, Ferrari y entre, demande Sa Majesté et trouve sir William.

— Tout cela peut réussir, en effet, répondit la reine soucieuse, comme tout cela peut échouer.

— C'est déjà beaucoup, madame, lorsque l'on combat à chances égales, et qu'étant femme et reine, on a pour soi le hasard.

— Vous avez raison, Acton; d'ailleurs, en toute chose il faut faire la part du feu; si le feu ne prend pas tout, tant mieux; s'il prend tout, eh bien, on tâchera de l'éteindre. Envoyez votre secrétaire à Capoue et prévenez sir William Hamilton.

Et la reine, secouant sa tête encore belle, mais chargée de soucis, comme pour en faire tomber les mille préoccupations qui pesaient sur elle, rentra dans le salon d'un pas léger et le sourire sur les lèvres.

XXXXI

L'ACROSTICHE

Un certain nombre de personnes étaient déjà arrivées, et, parmi ces personnes, les sept dames dont le nom de baptême commençait par un E. Ces sept dames étaient, comme nous l'avons dit, la princesse de Cariati, la comtesse de San-Marco, la marquise de San-Clemente, la duchesse de Termoli, la duchesse de Tursi, la marquise d'Altavilla et la comtesse de Policastro.

Les hommes étaient l'amiral Nelson et deux de ses officiers, ou plutôt deux de ses amis : le capitaine Troubridge, et le capitaine Ball ; le premier, esprit charmant, plein de fantaisie et d'humour ; le second, grave et roide comme un véritable Breton de la Grande-Bretagne.

Les autres invités étaient l'élégant duc de Rocca-Romana, frère de Nicolino Caracciolo, qui était loin de se douter — c'est de Nicolino que nous parlons, — qui était loin de se douter qu'un ministre et une reine prissent en ce moment tant de peines pour découvrir sa joyeuse et insouciante personnalité ; le duc d'Avalos, plus habituellement appelé le marquis del Vasto, dont l'antique famille se divisa en deux branches et dont un ancêtre, capitaine de Charles-Quint, — celui-là même qui avait été fait prisonnier à Ravenne, qui avait épousé la fameuse Vittoria Colonna, et qui composa pour elle, en prison, son *Dialogue de l'amour*, — reçut à Pavie des mains de François Ier, vaincu, son épée, dont il ne restait plus que la garde, tandis que l'autre, sous le nom de marquis del Guasto, dont notre chroniqueur l'Étoile fait du Guast, devenait l'amant de Marguerite de France et mourait assassiné ; le duc de la Salandra, grand veneur du roi, que nous verrons plus tard essayer de prendre le commandement échappé aux mains de Mack ; le prince Pignatelli, à qui le roi devait laisser en fuyant la lourde charge de vicaire général, et quelques autres encore, descendants fort descendus des plus nobles familles napolitaines et espagnoles.

Tous attendaient l'arrivée de la reine et s'inclinèrent respectueusement à sa vue.

Deux choses préoccupaient Caroline dans cette soirée : faire valoir Emma Lyonna pour rendre Nelson plus amoureux que jamais, et reconnaître à son écriture la dame qui avait écrit le billet, attendu que lorsqu'on connaitrait celle qui l'avait écrit, il ne serait pas difficile, comme l'avait fort judicieusement dit Caroline, de reconnaître celui auquel il était adressé.

Ceux-là seuls qui ont assisté à ces intimes et enivrantes soirées de la reine de Naples, soirées dont Emma Lyonna était à la fois le grand charme et le principal ornement, ont pu raconter à leurs contemporains à quel point d'enthousiasme et de délire la moderne Armide conduisait ses auditeurs et ses spectateurs. Si ses poses magiques, si sa voluptueuse pantomime avaient eu l'influence que nous avons dite sur les froids tempéraments du Nord, combien plus elles devaient électriser ces violentes imaginations du Midi, qui se passionnaient au chant, à la musique, à la poésie, qui savaient par cœur Cimarosa et Metastase ! Nous avons, pour notre part, connu et interrogé, dans nos premiers voyages à Naples et en Sicile, des vieillards qui avaient assisté à ces soirées magnétiques, et nous les avons vus, après cinquante ans écoulés, frissonner comme des jeunes gens à ces ardents souvenirs.

Emma Lyonna était belle, même sans le vouloir. Que l'on comprenne ce qu'elle fut ce soir-là, où elle voulait être belle et pour la reine et pour Nelson, au milieu de tous ces élégants costumes de la fin du xviiie siècle, que la cour d'Autriche et celle des Deux-Siciles s'obstinaient à porter comme une protestation contre la révolution française; au lieu de la poudre qui couvrait encore ces hautes coiffures ridiculement échafaudées sur le sommet de la tête, au lieu de ces robes étriquées qui eussent étranglé la grâce de Terpsichore elle-même, au lieu de ce rouge violent qui transformait les femmes en bacchantes, Emma Lyonna, fidèle à ses traditions de liberté et d'art, portait — mode qui commençait déjà à se répandre et qu'avaient adoptée en France les femmes les plus célèbres par leur beauté, — une longue tunique de cachemire bleu clair tombant autour d'elle en plis à faire envie à une statue antique; ses cheveux flottant sur ses épaules en longues boucles laissaient transparaître, au milieu de leurs flots mouvants, deux rubis qui brillaient comme les fabuleuses escarboucles de l'antiquité; sa ceinture, don de la reine, était une chaîne de diamants précieux, qui, nouée comme une cordelière, retombait jusqu'aux genoux; ses bras étaient nus depuis la naissance de l'épaule jusqu'à l'extrémité de ses doigts, et l'un de ses bras était serré à l'épaule et au poignet par deux serpents de diamants aux yeux de rubis; l'une de ses mains, celle dont le bras était sans ornement était chargée de bagues, tandis que l'autre, au contraire, ne brillait que par l'éclatante finesse de sa peau et ses ongles effilés, dont l'incarnat transparent semblait fait de feuilles de rose, tandis que ses pieds, chaussés de bas couleur de chair, semblaient nus comme ses mains dans leurs cothurnes d'azur à lacets d'or.

Cette éblouissante beauté, augmentée encore par ce costume étrange, avait quelque chose de surnaturel et, par conséquent, de terrible et d'effrayant; les femmes s'écartaient de cette résurrection du paganisme grec avec jalousie, les hommes avec effroi. A qui avait le malheur de devenir amoureux de cette Vénus Astarté, il ne restait plus que sa possession ou le suicide.

Il en résultait qu'Emma, toute belle qu'elle était, et justement à cause de sa fascinante beauté, restait isolée à l'angle d'un canapé, au milieu d'un cercle qui s'était fait autour d'elle. Nelson, qui seul eût eu le droit de s'asseoir à son côté, la dévorait du regard et chancelait ébloui au bras de Troubridge, se demandant par quel mystère d'amour ou quel calcul de politique s'était donnée à lui, le rude marin, le vétéran mutilé de vingt batailles, cette créature privilégiée qui réunissait toutes les perfections.

Quant à elle, elle était moins gênée et moins rougissante sur ce lit d'Apollon, où autrefois Graham l'avait exposée nue aux regards curieux de toute une ville, que dans ce salon royal où tant de regards envieux et lascifs l'enveloppaient.

— Oh! Votre Majesté, s'écria-t-elle en voyant paraître la reine et en s'élançant vers elle comme pour implorer son secours, venez vite me cacher à votr. ombre, et dites bien à ces messieurs et à ces dame. que l'on ne court pas, en s'approchant de moi, les risques que l'ont court à s'endormir sous le mancenillier ou à s'asseoir sous le bohon-upas.

— Plaignez-vous de cela, ingrate créature que vous êtes! dit en riant la reine; pourquoi êtes-vous belle à faire éclater tous les cœurs d'amour et de jalousie, si bien qu'il n'y a que moi ici qui sois assez humble et assez peu coquette pour oser approcher mon visage du vôtre en vous embrassant sur les deux joues?

Et la reine l'embrassa, et, en l'embrassant, lui dit tout bas ces mots :

— Sois charmante ce soir, il le faut!

Et, jetant son bras autour du cou de sa favorite, elle l'entraîna sur le canapé, autour duquel chacun dès lors se pressa, les hommes pour faire leur cour à Emma en faisant leur cour à la reine, et les femmes pour faire leur cour à la reine en faisant leur cour à Emma.

En ce moment, Acton rentra : un regard que la reine échangea avec lui, lui indiqua que tout marchait au gré de son désir.

Elle emmena Emma dans un coin, et, après lui avoir parlé quelque temps tout bas :

— Mesdames, dit-elle, je viens d'obtenir de ma bonne lady Hamilton qu'elle nous donnerait ce soir un échantillon de tous ses talents, c'est-à-dire qu'elle nous chanterait quelque ballade de son pays ou quelque chant de l'antiquité, qu'elle nous jouerait une scène de Shakspeare, et qu'elle nous danserait son pas du châle, qu'elle n'a encore dansé que pour moi et devant moi.

Il n'y eut dans le salon qu'un cri de curiosité et de joie.

— Mais, dit Emma, Votre Majesté sait que c'est à une condition...

— Laquelle? demandèrent les dames, encore plus empressées dans leurs désirs que les hommes.

— Laquelle? répétèrent les hommes après elles.

— La reine, dit Emma, vient de me faire observer que, par un singulier hasard, excepté celui de la reine, le nom de baptême des huit dames qui sont réunies dans ce salon commence par un E.

— Tiens, c'est vrai! dirent les dames en se regardant.

— Eh bien, si je fais ce que l'on demande, je veux que l'on fasse aussi ce que je demanderai.

— Mesdames, dit la reine, vous conviendrez que c'est trop juste.

— Eh bien, que voulez-vous? Voyons, dites, milady! s'écrièrent plusieurs voix.

— Je désire, dit Emma, garder un précieux souvenir de cette soirée; Sa Majesté va écrire son nom Carolina sur un morceau de papier, et chaque lettre de ce nom auguste et chéri deviendra l'initiale d'un vers écrit par chacune de nous, moi la première, à la plus grande gloire de Sa Majesté; chacune de nous signera son vers, bon ou mauvais, et j'espère bien que, le mien aidant, il y en aura plus de mauvais que de bons; puis, en souvenir de cette soirée pendant laquelle j'aurai eu l'honneur de me trouver avec la plus belle reine du monde et les plus nobles dames de Naples et de la Sicile, je prendrai ce précieux et poétique autographe pour mon album.

— Accordé, dit la reine, et de grand cœur.

Et la reine, s'approchant d'une table, écrivit en travers d'une feuille de papier le nom Carolina.

— Mais Votre Majesté, s'écrièrent les dames mises en demeure de faire des vers à la minute, mais nous ne sommes pas poëtes, nous.

— Vous invoquerez Apollon, dit la reine, et vous le deviendrez.

Il n'y avait pas moyen de reculer: d'ailleurs, Emma

s'approchant de la table comme elle avait dit qu'elle le ferait, écrivit en face de la première lettre du nom de la reine, c'est-à-dire en face du C, le premier vers de l'acrostiche et signa : Emma Hamilton.

Les autres dames se résignèrent, et les unes après les autres s'approchèrent de la table, prirent la plume, écrivirent un vers et signèrent leur nom.

Lorsque la dernière, la marquise de San-Clemente, eut signé le sien, la reine prit vivement le papier. Le concours des huit muses avait donné le résultat suivant.

La reine lut tout haut :

C'est par trop abuser de la grandeur suprême,
Emma Hamilton.
Ayant le sceptre en main, au front le diadème,
Emilia Cariati.
Réunissant déjà de si riches tributs,
Eleonora San-Marco.
O reine! de vouloir qu'en un instant Phébus,
Elisabetta Termoli.
Lorsque le mont Vésuve est si loin du Parnasse,
Elisa Tursi.
Initie au bel art de Pétrarque et du Tasse
Eufrasia d'Altavilla.
Nos cœurs, qui n'ont jamais pour vous jusqu'à ce jour
Eugenia de Policastro.
Aspiré qu'à lutter de respect et d'amour.
Elena San-Clemente.

— Voyez donc, dit la reine, tandis que les hommes s'émerveillaient sur les mérites de l'acrostiche et que les dames s'étonnaient elles-mêmes d'avoir si bien fait, voyez donc, général Acton, comme la marquise de San-Clemente a une charmante écriture.

Le général Acton s'approcha d'une bougie, s'écartant en même temps du groupe comme s'il eût voulu relire l'acrostiche, compara l'écriture de la lettre avec celle du huitième vers, et, rendant avec un sourire le précieux et terrible autographe à Caroline :

— Charmante, en effet, dit-il.

XXXXII

LES VERS SAPHIQUES

La double louange de la reine et du capitaine général Acton à l'égard de l'écriture de la marquise de San-Clemente, passa sans que personne, pas même celle qui était l'objet de cette louange, eût l'idée d'y attacher l'importance qu'elle avait en réalité.

La reine s'empara de l'acrostiche, promettant à Emma de le lui rendre le lendemain, et, comme cette première glace qui fait la froideur du commencement de toute soirée était brisée, chacun se mêla dans cette charmante confusion que la reine savait créer dans son intimité, par l'art qu'elle avait de faire oublier toute gêne en bannissant toute étiquette.

La conversation devint flottante ; les lèvres ne laissèrent plus tomber, mais lancèrent les paroles ; le rire montra ses dents blanches ; hommes et femmes se croisèrent ; chacun alla, selon sa sympathie, chercher l'esprit ou la beauté, et, au milieu de ce doux bruissement qui semble un ramage d'oiseaux, on sentit s'attiédir et s'imprégner des émanations parfumées de la jeunesse cette atmosphère, dont tant de fraîches haleines et tant de doux parfums faisaient une espèce de philtre invisible, insaisissable, enivrant, composé d'amour, de désirs et de volupté.

Dans ces sortes de réunions, non-seulement Caroline oubliait qu'elle était reine, mais encore parfois ne se souvenait point assez qu'elle était femme ; une espèce de flamme électrique s'allumait dans ses yeux, sa narine se dilatait, son sein gonflé imitait, en se levant et en s'abaissant, le mouvement onduleux de la vague, sa voix devenait rauque et saccadée, et un rugissement de panthère ou de bacchante sortant de cette belle bouche n'eût étonné personne.

Elle vint à Emma, et, mettant sur son épaule nue, sa main nue, qui sembla une main de corail rose sur une épaule d'albâtre :

— Eh bien, lui demanda-t-elle, avez-vous oublié,

ma belle lady, que vous ne vous appartenez point ce soir? Vous nous avez promis des miracles, et nous avons hâte de vous applaudir.

Emma, tout au contraire de la reine, semblait noyée dans une molle langueur; son cou n'avait plus la force de supporter sa tête, qui s'inclinait tantôt sur une épaule, tantôt sur l'autre, et quelquefois, comme dans un spasme de volupté, se renversait en arrière; ses yeux, à moitié fermés, cachaient ses prunelles sous les longs cils de ses paupières; sa bouche, à moitié ouverte, laissait sous les lèvres pourprées voir ses dents d'émail; les boucles noires de ses cheveux tranchaient avec la mate blancheur de sa poitrine.

Elle ne vit point, mais sentit la main de la reine se poser sur son épaule; un frisson passa par tout son corps.

— Que désirez-vous de moi, chère reine? fit-elle languissamment et avec un mouvement de tête d'une grâce suprême. Je suis prête à vous obéir. Voulez-vous la scène du balcon de Roméo? Mais, vous le savez, pour jouer cette scène, il faut être deux, et je n'ai pas de Roméo.

— Non, non, dit la reine en riant, pas de scène d'amour; tu les rendrais tous fous, et qui sait si tu ne me rendrais pas folle aussi, moi? Non, quelque chose qui les effraye, au contraire. Juliette au balcon ! non pas ! Le monologue de Juliette, voilà tout ce que je te permets ce soir.

— Soit ; donnez-moi un grand châle blanc, ma reine, et faites-moi faire de la place.

La reine prit, sur un canapé, un grand châle de crêpe de Chine blanc qu'elle avait sans doute jeté là avec intention, le donna à Emma, et, d'un geste dans lequel elle redevenait reine, ordonna à tout le monde de s'écarter.

En une seconde, Emma se trouva isolée au milieu du salon.

— Madame, il faut que vous soyez assez bonne pour expliquer la situation. D'ailleurs, cela détournera un instant l'attention de moi, et j'ai besoin de cette petite supercherie pour faire mon effet.

— Vous connaissez tous la chronique véronaise des Montaigus et des Capulets, n'est-ce pas ? dit la reine. On veut faire épouser à Juliette le comte Pâris, qu'elle n'aime pas, tandis que c'est le pauvre banni Roméo qu'elle aime. Frère Laurence, qui l'a mariée à son amant, lui a donné un narcotique qui la fera passer pour morte ; on la déposera dans le tombeau des Capulets, et, là, Laurence viendra la chercher et la conduira à Mantoue, où l'attend Roméo. Sa mère et sa nourrice viennent de sortir de sa chambre, la laissant seule après lui avoir signifié que, le lendemain, au point du jour, elle épouserait le comte Pâris.

A peine la reine avait-elle achevé cet exposé qui avait attiré tous les yeux sur elle, qu'un douloureux soupir les ramena sur Emma Lyonna; il ne lui avait fallu que quelques secondes pour se draper dans l'immense châle, de manière à ne rien laisser voir de son premier costume; sa tête était cachée dans ses mains, elle les laissa glisser lentement de haut en bas, releva en même temps et laissa voir peu à peu son visage pâle, empreint de la plus profonde douleur et dans lequel il était impossible de retrouver aucun reste de cette langueur suave que nous avons essayé de peindre; c'était, au contraire, l'angoisse arrivée à son paroxysme, la terreur montant à son apogée.

Elle tourna lentement sur elle-même, comme pour suivre des yeux sa mère et sa nourrice, même au delà de la vue, et, d'une voix dont chaque vibration pénétrait au fond du cœur, le bras étendu comme pour donner au monde un congé éternel :
« Adieu ! » dit-elle,

> Adieu ! Le Seigneur sait quand nous nous reverrons.
> La terreur, sous mon front, agite son vertige,
> Et mon sang suspendu dans mes veines se fige !

Si je les rappelais pour calmer mon effroi ?
Nourrice ! Signora !... Pauvre folle, tais-toi !
Qu'ont à faire en ces lieux, ta mère ou ta nourrice ?
Il faut que sans témoins la chose s'accomplisse ;
A moi, breuvage sombre ! — et, si tu faillissais,
Demain je serais donc au comte ?... Non, je sais
Un moyen d'échapper au terrible anathème :
Poignard, dernier recours, espérance suprême,
Repose à mes côtés. Si c'était un poison...
Que le moine en mes mains eût mis par trahison,
Tremblant qu'on découvrît mon premier mariage !
Mais non, chacun le tient pour un saint personnage,
Et, d'ailleurs, c'est l'ami de mon cher Roméo !
Qu'ai-je à craindre ? Mais, si, déposée au tombeau,
J'allais sous mon linceul dans la sombre demeure,
Seule au milieu des morts, m'éveiller avant l'heure
Où doit, mon Roméo, venir me délivrer !
Cet air, que nul vivant ne saurait respirer,
Assiégeant à la fois ma bouche et ma narine,
De miasmes mortels gonflerait ma poitrine,
Me suffoquant avant que, vainqueur du trépas,
Mon bien-aimé ne pût m'emporter dans ses bras,
Ou même, si je vis, pour mon œil quel spectacle !
Ce caveau n'est-il pas l'antique réceptacle
Où dorment les débris des aïeux trépassés
Depuis plus de mille ans, l'un sur l'autre entassés ?
Où Tybald le dernier, étendu sur sa couche,
M'attend livide et froid, la menace à la bouche ?
Puis, quand sonne minuit, grand Dieu ! ne dit-on pas
Qu'éveillés par l'airain, les hôtes du trépas
Pour s'enlacer, hideux, dans leurs rondes funèbres,
Se lèvent en heurtant leurs os dans les ténèbres,
Et poussent dans la nuit de ces cris émouvants
Qui font fuir la raison du cerveau des vivants ?
Oh ! si je m'éveillais sous les arcades sombres,
Justement à cette heure où revivent les ombres ;
Si, se traînant vers moi dans le sépulcre obscur,
Ces spectres me souillaient de leur contact impur,

> Et, m'entraînant aux jeux que la lumière abhorre,
> Me laissaient insensée au lever de l'aurore !
> Je sens en y songeant ma raison s'échapper.
> Oh! fuis! fuis! Roméo, je vois, pour te frapper,
> Tybald qui lentement dans l'ombre se soulève.
> A sa main décharnée étincelle son glaive ;
> Il veut, montrant du doigt son flanc ensanglanté,
> Sur sa tombe te faire asseoir à son côté.
> Arrête, meurtrier! au nom du ciel! arrête!
>   *(Portant le flacon à ses lèvres.)*
> Roméo, c'est à toi que boit ta Juliette!

Et, faisant le geste d'avaler le narcotique, elle s'affaissa sur elle-même, et tomba étendue sur le tapis du salon, où elle resta inerte et sans mouvement.

L'illusion fut si grande, qu'oubliant que ce qu'il voyait s'accomplir n'était qu'un jeu, Nelson, le rude marin, plus familier avec les tempêtes de l'Océan qu'avec les feintes de l'art, poussa un cri, s'élança vers Emma, et, de son bras unique, la souleva de terre, comme il eût fait d'un enfant.

Il en fut récompensé : en rouvrant les yeux, le premier sourire d'Emma fut pour lui. Alors seulement, il comprit son erreur, et se retira confus dans un angle du salon.

La reine lui succéda et chacun entoura la fausse Juliette.

Jamais la magie de l'art, poussée à ce point peut-être, n'était parvenue au delà. Quoique exprimés dans une langue étrangère, aucun des sentiments qui avaient agité le cœur de l'amante de Roméo, n'avait échappé à ses spectateurs ; la douleur, quand, sa mère et sa nourrice parties, elle se trouve seule avec la menace de devenir la femme du comte Pâris ; le doute, quand, examinant le breuvage, elle craint que ce ne soit un poison ; la résolution, quand, prenant un poignard, elle décide d'en appeler au fer, c'est-à-dire à la mort, dans l'extrémité où elle se trouve ; l'angoisse, quand elle craint d'être oubliée vivante dans le tombeau de sa famille et d'être forcée par les spectres de se mêler à leur danse impie ; enfin sa terreur quand elle croit voir Tybald, enseveli de la veille, se soulever tout sanglant pour frapper Roméo, toutes ces impressions diverses, elle les avait rendues avec une telle magie et une telle vérité, qu'elle les avait fait passer dans l'âme des assistants, pour lesquels, grâce à la magie de son art, la fiction était devenue une réalité.

Les émotions soulevées par ce spectacle, dont la noble compagnie, complétemeut étrangère aux mystères de la poésie du Nord, n'avait pas même l'idée, furent quelque temps à se calmer. Au silence de la stupéfaction succédèrent les applaudissements de l'enthousiasme ; puis vinrent les éloges et les flatteries charmantes qui caressent si doucement l'amour-propre des artistes. Emma, née pour briller sur la scène littéraire, mais poussée par son irrésistible fortune sur la scène politique, redevenait à chaque occasion la comédienne ardente et passionnée, prête à faire passer dans la vie réelle ces créations de la vie factice que l'on appelle Juliette, lady Macbeth ou Cléopâtre. Alors, elle jetait à son rêve évanoui tous les soupirs de son cœur et demandait si les triomphes dramatiques de mistress Siddons et de mademoiselle Raucourt ne valaient pas mieux que les apothéoses royales de lady Hamilton. Alors, il se faisait en elle, au milieu des louanges des assistants, des applaudissement des spectateurs, des caresses même de la reine, une profonde tristesse, et, si elle s'y laissait aller, elle tombait dans une de ces mélancolies qui, chez elle, étaient encore une séduction; mais la reine, qui pensait avec raison que ces mélancolies n'étaient point exemptes de regrets et même de remords, la poussait vite vers quelque nouveau triomphe, dans l'enivrement duquel elle détournait les yeux du passé pour ne plus regarder que dans l'avenir.

Aussi, la prenant par le bras et la secouant fortement, comme on fait pour tirer une somnambule du sommeil magnétique :

— Allons, lui dit-elle, pas de ces rêveries ! tu sais

bien que je ne les aime pas. Chante ou danse! Je te l'ai déjà dit, tu n'es point à toi ce soir, tu es à nous; chante ou danse!

— Avec la permission de Votre Majesté, dit Emma, je vais chanter. Je ne joue jamais cette scène sans conserver pendant quelque temps un tremblement nerveux qui m'ôte toute force physique; au contraire, ce tremblement sert ma voix. Quel morceau Votre Majesté désire-t-elle que je chante? Je suis à ses ordres.

— Chante-leur quelque chose de ce manuscrit de Sappho que l'on vient de retrouver à Herculanum. Ne m'as-tu pas dit que tu avais fait la musique de plusieurs de ces poésies?

— D'une seule, madame; mais...

— Mais quoi? demanda la reine.

— Cette musique, faite pour nous dans l'intimité, sur un hymne étrange..., dit Emma à voix basse.

— *A la femme aimée*, n'est-ce pas?

Emma sourit et regarda la reine avec une singulière expression de lasciveté.

— Justement! dit la reine, chante celle-là, je le veux.

Puis, laissant Emma tout étourdie de l'accent avec lequel elle avait dit : *Je le veux*, elle appela le duc de Rocca-Romana, qu'on assurait avoir été l'objet d'un de ces caprices tendres et passagers auxquels la Sémiramis du Midi était aussi sujette que la Sémiramis du Nord, et, le faisant asseoir près d'elle sur le même canapé, elle commença avec lui une conversation qui, pour se passer à voix basse, n'en paraissait pas moins animée.

Emma jeta un regard sur la reine, sortit vivement du salon, et, un instant après, rentra coiffée d'une branche de laurier, les épaules couvertes d'un manteau rouge et portant dans son bras arrondi cette lyre lesbienne que nulle femme n'a osé toucher depuis que la muse de Mitylène l'a laissée échapper de ses mains en s'élançant du haut du rocher de Leucade.

Un cri d'étonnement s'échappa de toutes les poitrines; à peine la reconnut-on. Ce n'était plus la douce et poétique Juliette; une flamme plus dévorante que celle que Vénus vengeresse alluma dans les yeux de Phèdre jaillissait de sa prunelle; elle s'avança d'un pas rapide et qui avait quelque chose de viril, répandant autour d'elle un parfum inconnu; toutes les ardeurs impures de l'antiquité, celle de Myrrha pour son père, celle de Pasiphaé pour le taureau crétois, semblaient avoir étendu leur fard impudique sur son visage; c'était la vierge révoltée contre l'amour, sublime d'impudeur dans sa coupable rébellion; elle s'arrêta devant la reine, et, avec une passion qui fit sonner les cordes de la lyre, comme si elles étaient d'airain, elle se laissa tomber sur un fauteuil et chanta sur une stridente mélopée les paroles suivantes :

> Assis à tes côtés, celui-là qui soupire,
> Écoutant de ta voix les sons mélodieux,
> Celui-là qui te voit, ô rage! lui sourire,
> Celui-là, je le dis, il est l'égal des dieux !
>
> Dès que je t'aperçois, la voix manque à ma lèvre,
> Ma langue se dessèche et veut en vain parler.
> Dans mes tempes en feu j'entends battre la fièvre,
> Et me sens tout ensemble et transir et brûler.
>
> Plus pâle que la fleur qui se soutient à peine,
> Quand le Lion brûlant la sécha tout un jour,
> Je tremble, je pâlis, je reste hors d'haleine,
> Et meurs, sans expirer, de désir et d'amour.

Avec la dernière vibration de ses cordes la lyre glissa des genoux de la poétesse sur le tapis et sa tête se renversa sur son fauteuil.

La reine, qui, dès la seconde strophe, avait écarté l'elle Rocca-Romana, s'élança avant même que le dernier vers fût fini et souleva dans ses bras Emma, dont la tête retomba inerte sur son épaule comme si elle était évanouie.

Cette fois, on fut un instant sans savoir si l'on devait applaudir; mais la pudeur fut vite terrassée dans un combat où toute idée morale devait succomber sous l'ardente exaltation des sens. Hommes et femmes entourèrent Emma; ce fut à qui obtiendrait un regard, un mot d'elle, à qui toucherait sa main, ses cheveux, ses vêtements. Nelson était là comme les autres, plus tremblant que les autres, car il était plus amoureux; la reine prit la couronne de laurier sur la tête d'Emma et la posa sur celle de Nelson.

Lui, l'arracha comme si elle eût brûlé ses tempes, et l'appuya sur son cœur.

En ce moment, la reine sentit une main qui la prenait par le poignet; elle se retourna : c'était Acton.

— Venez, lui dit-il, sans perdre un instant; Dieu fait pour nous plus que nous ne pouvions espérer.

— Mesdames, dit-elle, en mon absence, — car pour quelques instants je suis forcée de m'absenter, — en mon absence, c'est Emma qui est reine; je vous laisse, en place de la puissance, le génie et la beauté.

Puis, à l'oreille de Nelson :

— Dites-lui de danser pour vous le pas du châle qu'elle devait danser pour moi. Elle le dansera.

Et elle suivit Acton, laissant Emma enivrée d'orgueil, et Nelson fou d'amour.

XXXXIII

DIEU DISPOSE

La reine suivit Acton ; car elle comprenait qu'en effet il devait se passer quelque chose de grave pour qu'il se fût permis de l'appeler si impérativement hors du salon.

Arrivée au corridor, elle voulut l'interroger ; mais il se contenta de lui répondre :

— Par grâce, madame, venez vite ! nous n'avons pas un instant à perdre ; dans quelques minutes, vous saurez tout.

Acton prit un petit escalier de service qui conduisait à la pharmacie du château. C'était dans cette pharmacie que les médecins et les chirurgiens du roi, Vairo, Troja, Cottugno, trouvaient un assortiment assez complet de médicaments pour porter les premiers soins aux malades ou aux blessés dans les indispositions ou les accidents, quels qu'ils fussent, pour lesquels ils étaient appelés.

La reine devina où la conduisait Acton.

— Il n'est rien arrivé à aucun de mes enfants ? demanda-t-elle.

— Non, madame, rassurez-vous, dit Acton ; et, si nous avons une expérience à faire, nous pourrons la faire, du moins, *in anima vili*.

Acton ouvrit la porte ; la reine entra et jeta un coup d'œil rapide dans la chambre.

Un homme évanoui était couché sur un lit.

Elle s'approcha avec plus de curiosité que de crainte.

— Ferrari ! dit-elle.

Puis, se retournant vers Acton, l'œil dilaté :

— Est-il mort ? demanda-t-elle du ton dont elle eût dit : « L'avez-vous tué ? »

— Non, madame, répondit Acton, il n'est qu'évanoui.

La reine le regarda ; son regard demandait une explication.

— Mon Dieu, madame, dit Acton, c'est la chose la plus simple du monde. J'ai envoyé, comme nous en sommes convenus, mon secrétaire prévenir le maître de poste de Capoue qu'il eût à dire au courrier Ferrari, à son passage, que le roi l'attendait à Caserte ; il le lui a dit, Ferrari n'a pris que le temps de changer de cheval ; seulement, en arrivant sous la grande porte du château, il a tourné trop court, gêné par les voitures de nos visiteurs ; son cheval s'est abattu des quatre pieds, la tête du cavalier a porté contre une borne, on l'a ramassé évanoui, et je l'ai fait apporter ici en disant qu'il était inutile d'aller chercher un médecin et que je le soignerais moi-même.

— Mais, alors, dit la reine saisissant la pensée d'Acton, il n'est plus besoin d'essayer de le séduire, d'acheter son silence; nous n'avons plus à craindre qu'il ne parle, et, pourvu qu'il reste évanoui assez longtemps pour que nous puissions ouvrir la lettre, la lire et la recacheter, c'est tout ce qu'il faut; seulement, vous comprenez, Acton, il ne faut pas qu'il se réveille tandis que nous serons à l'œuvre.

— J'y ai pourvu avant l'arrivée de Votre Majesté, ayant pensé à tout ce qu'elle pense.

— Et comment?

— J'ai fait prendre à ce malheureux vingt gouttes de laudanum de Sydenham.

— Vingt gouttes, dit la reine. Est-ce assez pour un homme habitué au vin et aux liqueurs fortes comme doit être ce courrier?

— Peut-être avez-vous raison, madame, et peut-on lui en donner dix gouttes de plus.

Et, versant dix gouttes d'une liqueur jaunâtre dans une petite cuiller, il les introduisit dans la gorge du malade.

— Et vous croyez, demanda la reine, que moyennant ce narcotique, il ne reprendra point ses sens?

— Point assez pour se rendre compte de ce qui se passera autour de lui.

— Mais, dit la reine, je ne lui vois point de sacoche.

— Comme c'est l'homme de confiance du roi, dit Acton, le roi n'use point avec lui des précautions ordinaires; et, quand il s'agit d'une simple dépêche, il la porte et en rapporte la réponse dans une poche de cuir pratiquée à l'intérieur de sa veste.

— Voyons, dit la reine sans hésitation aucune.

Acton ouvrit la veste, fouilla dans la poche de cuir et en tira une lettre cachetée du cachet particulier de l'empereur d'Autriche, c'est-à-dire, comme l'avait prévu Acton, d'une tête de Marc-Aurèle.

— Tout va bien, dit Acton.

La reine voulut lui prendre la lettre des mains pour la décacheter.

— Oh! non, non, dit Acton, pas ainsi.

Et, tirant la lettre à lui, il la plaça à une certaine hauteur au-dessus de la bougie, le cachet s'amollit peu à peu, un des quatre angles se souleva.

La reine passa la main sur son front.

— Qu'allons-nous lire? dit-elle.

Acton tira la lettre de son enveloppe, et, en s'inclinant, la présenta à la reine.

La reine l'ouvrit et lut tout haut :

« Château de Schœnbrünn, 28 septembre 1798.

» Très-excellent frère, cousin et oncle, allié et confédéré,

» Je réponds à Votre Majesté de ma main, comme elle m'a écrit de la sienne.

» Mon avis, d'accord avec celui du conseil aulique, est que nous ne devons commencer la guerre contre la France que quand nous aurons réuni toutes nos chances de succès, et une des chances sur lesquelles il m'est permis de compter, c'est la coopération des 40,000 hommes de troupes russes conduites par le feld-maréchal Souvorov, à qui je compte donner le commandement en chef de nos armées; or, ces 40,000 hommes ne seront ici qu'à la fin de mars. Temporisez donc, mon très-excellent frère, cousin et oncle, retardez par tous les moyens possibles l'ouverture des hostilités; je ne crois pas que la France soit plus que nous désireuse de faire la guerre; profitez de ses dispositions pacifiques; donnez quelque raison bonne ou mauvaise de ce qui s'est passé, et, au mois d'avril, nous entrerons en campagne avec tous nos moyens.

» Sur ce, et la présente n'étant à autre fin, je prie, mon très-cher frère, cousin et oncle, allié et confédéré, que Dieu vous ait dans sa sainte et digne garde.

» FRANÇOIS. »

— Voilà tout autre chose que ce que nous attendions, dit la reine.

— Pas moi, madame, répliqua Acton; je n'ai jamais cru que Sa Majesté l'empereur entrât en campagne avant le printemps prochain.

— Que faire?

— J'attends les ordres de Votre Majesté.

— Vous connaissez, général, mes raisons de vouloir une guerre immédiate.

— Votre Majesté prend-elle la responsabilité?

— Quelle responsabilité voulez-vous que je prenne avec une pareille lettre?

— La lettre de l'empereur sera ce que nous pouvons désirer qu'elle soit.

— Que voulez-vous dire?

— Le papier est un agent passif et on lui fait dire ce que l'on veut; toute la question est de calculer s'il vaut mieux faire la guerre tout de suite ou plus tard, attaquer que d'attendre que l'on nous attaque.

— Il n'y a pas de discussion là-dessus, il me semble; nous connaissons l'état dans lequel est l'armée française, elle ne saurait nous résister aujourd'hui;

si nous lui donnons le temps de s'organiser, c'est nous qui ne lui résisterons pas.

— Et, avec cette lettre-là, vous croyez impossible que le roi se mette en campagne?

— Lui! il sera trop content de trouver un prétexte pour ne pas bouger de Naples.

— Alors, madame, je ne connais qu'un moyen, dit Acton d'une voix résolue.

— Lequel?

— C'est de faire dire à la lettre le contraire de ce qu'elle dit.

La reine saisit le bras d'Acton.

— Est-ce possible? demanda-t-elle en le regardant fixement.

— Rien de plus facile.

— Expliquez-moi cela... Attendez!

— Quoi?

— N'avez-vous pas entendu cet homme se plaindre?

— Qu'importe!

— Il se soulève sur son lit.

— Mais pour retomber, voyez.

Et, en effet, le malheureux Ferrari retomba sur son lit en poussant un gémissement.

— Vous disiez? reprit la reine.

— Je dis que le papier est épais, sans teinte, écrit sur une seule page.

— Eh bien?

— Eh bien, on peut, à l'aide d'un acide, enlever l'écriture en ne laissant de la main de l'empereur que les trois dernières lignes et sa signature, et substituer la recommandation d'ouvrir sans retard les hostilités à celle de ne les commencer qu'au mois d'avril.

— C'est grave, ce que vous me proposez là, général.

— Aussi ai-je dit qu'à la reine seule appartenait de prendre une pareille responsabilité.

La reine réfléchit un instant, son front se plissa, ses sourcils se froncèrent, son œil s'endurcit, sa main se crispa.

— C'est bien, dit-elle, je la prends.

Acton la regarda.

— Je vous ai dit que je la prenais. A l'œuvre!

Acton s'approcha du lit du blessé, lui tâta le pouls, et, retournant vers la reine :

— Avant deux heures, il ne reviendra pas à lui, dit-il.

— Avez-vous besoin de quelque chose? demanda la reine en voyant Acton regarder autour de lui.

— Je voudrais un réchaud, du feu et un fer à repasser.

— On sait que vous êtes ici près du blessé?

— Oui.

— Sonnez alors, et demandez les objets dont vous avez besoin.

— Mais on ne sait point que Votre Majesté y est?

— C'est vrai, dit la reine.

Et elle se cacha derrière le rideau de la fenêtre.

Acton sonna; ce ne fut point un domestique qui vint, ce fut son secrétaire.

— Ah! c'est vous, Dick? fit Acton.

— Oui, monseigneur; j'ai pensé que Votre Excellence avait besoin de choses auxquelles un domestique peut-être ne saurait point l'aider.

— Vous avez eu raison. Procurez-moi d'abord, et le plus tôt possible, un fourneau, du charbon allumé et un fer à repasser.

— Est-ce tout, monseigneur?

— Oui, pour le moment; mais vous ne vous éloignerez pas, j'aurai probablement besoin de vous.

Le jeune homme sortit pour exécuter les ordres qu'il venait de recevoir; Acton referma la porte derrière lui.

— Vous êtes sûr de ce jeune homme? demanda la reine.

— Comme de moi-même, madame.

— Vous le nommez?

— Richard Menden.

— Vous l'avez appelé Dick.

— Votre Majesté sait que c'est l'abréviation de Richard.

— C'est vrai!

Cinq minutes après, on entendit des pas dans l'escalier.

— Du moment que c'est Richard, dit Acton, il est inutile que Votre Majesté se cache; d'ailleurs, nous aurons besoin de lui tout à l'heure.

— Pour quoi faire?

— Quand il s'agira de récrire la lettre; ce n'est ni Votre Majesté ni moi qui la récrirons, attendu que le roi connaît nos écritures; il faudra donc que ce soit lui.

— C'est juste.

La reine s'assit, tournant le dos à la porte.

Le jeune homme entra avec les trois objets demandés, qu'il déposa près de la cheminée; puis il sortit sans paraître même avoir remarqué qu'une personne était dans la chambre, qu'il n'avait pas vue à sa première entrée.

Acton referma une seconde fois la porte derrière lui, apporta le fourneau près de la cheminée et mit le fer dessus ; puis, ouvrant l'armoire qui contenait la pharmacie, il en tira une petite bouteille d'acide oxalique, coupa la barbe d'une plume de manière qu'elle pût lui servir à promener la liqueur sur le papier, plia la lettre de façon à préserver les trois dernières lignes et la signature impériale de tout contact avec le liquide, versa l'acide sur la lettre et l'y étendit avec la barbe de la plume.

La reine suivait l'opération avec une curiosité qui n'était pas exempte d'inquiétude, craignant qu'elle ne réussît point ou ne réussît mal ; mais, à sa grande satisfaction, sous l'âcre morsure du liquide, elle vit d'abord l'encre jaunir, puis blanchir, puis disparaître.

Acton tira son mouchoir de sa poche, et, en faisant un tampon, il épongea la lettre.

Cette opération terminée, le papier était redevenu parfaitement blanc ; il prit le fer, étendit la lettre sur un cahier de papier et la repassa comme on repasse un linge.

— Là ! maintenant, dit-il, tandis que le papier va sécher, rédigeons la réponse de Sa Majesté l'empereur d'Autriche.

Ce fut la reine qui la dicta. En voici le texte mot à mot :

» Schœnbrünn, 28 septembre 1798.

« Mon très-excellent frère, cousin,
oncle, allié et confédéré,

» Rien ne pouvait m'ètre plus agréable que la lettre que vous m'écrivez et dans laquelle vous me promettez de vous soumettre en tout point à mon avis. Les nouvelles qui m'arrivent de Rome me disent que l'armée française est dans l'abattement le plus complet; il en est tout autant de l'armée de la haute Italie.

» Chargez-vous donc de l'une, mon très-excellent frère, cousin et oncle, allié et confédéré; je me chargerai de l'autre. A peine aurai-je appris que vous êtes à Rome, que, de mon côté, j'entre en campagne avec 140,000 hommes; vous en avez de votre côté 60,000, j'attends 40,000 Russes; c'est plus qu'il n'en faut pour que le prochain traité de paix, au lieu de s'appeler le traité de Campo-Formio, s'appelle le traité de Paris. »

— Est-ce cela? demanda la reine.

— Excellent! dit Acton.

— Alors, il ne s'agit plus que de recopier cette rédaction.

Acton s'assura que le papier était parfaitement

sec, fit disparaître, à l'aide du fer, le pli préservateur, alla de nouveau à la porte et appela Dick.

Comme il l'avait prévu, le jeune homme se tenait à la portée de la voix.

— Me voici, monseigneur, dit-il.

— Venez à cette table, fit Acton, et transcrivez ce brouillon sur cette lettre en déguisant légèrement votre écriture.

Le jeune homme se mit à la table sans faire une question, sans paraître s'étonner, prit la plume comme s'il s'agissait de la chose la plus simple, exécuta l'ordre donné, et se leva, attendant de nouvelles instructions.

Acton examina le papier à la lueur des bougies : rien n'indiquait la trahison qui venait d'être commise ; il réintégra la lettre dans l'enveloppe, replaça au-dessus de la flamme la cire, qui s'amollit de nouveau, laissa sur cette première couche, afin d'effacer toute trace d'ouverture de la lettre, retomber une seconde couche de cire, et appliqua dessus le cachet qu'il avait fait faire en fac-similé sur celui de l'empereur.

Après quoi, il remit la dépêche dans la poche de cuir, reboutonna la veste du courrier, et, prenant une bougie, examina pour la première fois la blessure.

Il y avait contusion violente à la tête, le cuir chevelu était fendu sur une longueur de deux pouces; mais il n'y avait aucune lésion de l'os du crâne.

— Dick, dit-il, écoutez bien mes récommandations; voici ce que vous allez faire...

Le jeune homme s'inclina.

— Vous allez envoyer chercher un médecin à Santa-Maria; pendant qu'on ira chercher le médecin, qui ne sera pas ici avant une heure, vous ferez prendre à cet homme, cuillerée par cuillerée, une décoction de café vert bouilli, la valeur d'un verre à peu près.

— Oui, Votre Excellence.

— Le médecin croira que ce sont les sels qu'il lui aura fait respirer, ou l'éther dont il lui aura frotté les tempes qui l'auront fait revenir à lui, vous le lui laisserez croire; il pansera le blessé, qui, selon son état de force ou de faiblesse, poursuivra sa route à pied ou en voiture.

— Oui, Votre Excellence.

— Le blessé, continua Acton en appuyant sur chaque mot, a été ramassé après sa chute par les gens de la maison, porté par eux sur votre ordre dans la pharmacie, soigné par vous et le médecin; il n'a vu ni moi la reine, et la reine ni moi ne l'avons vu. Vous entendez?

— Oui, Votre Excellence.

— Et maintenant, dit Acton en se retournant vers la reine, vous pouvez laisser aller les choses d'elles-mêmes et rentrer sans inquiétude au salon, tout s'exécutera comme il a été ordonné.

La reine jeta un dernier regard sur le secrétaire; elle lui trouva cet air intelligent et résolu des hommes appelés un jour à faire leur fortune.

Puis, la porte refermée :

— Vous avez là un homme précieux, général! dit-elle.

— Il n'est point à moi, il est à vous, madame, comme tout ce que je possède, répondit Acton.

Et il s'inclina en laissant passer la reine devant lui.

Lorsqu'elle rentra dans le salon, Emma Lyonna, enveloppée d'un cachemire pourpre à franges d'or, se laissait, au milieu des louanges et des applaudissements frénétiques des spectateurs, tomber sur un canapé dans tout l'abandon d'une danseuse de théâtre qui vient d'obtenir son plus beau succès; et, en effet, jamais ballerine de San-Carlo n'avait jeté son public dans un pareil enivrement; le cercle au milieu duquel elle avait commencé la danse s'était peu à peu, et par une attraction insensible, rapproché d'elle; de sorte qu'il était arrivé un moment où, chacun étant avide de la voir, de la toucher, de respirer le parfum qui émanait d'elle, non-seulement l'espace, mais l'air lui avait manqué, et, criant d'une voix étouffée : « Place! place! » elle était, dans un spasme voluptueux, venue tomber sur le canapé ou la reine la retrouvait.

A la vue de la reine, la foule s'ouvrit pour la laisser pénétrer jusqu'à sa favorite.

Les louanges et les applaudissements redoublèrent; on savait que louer la grâce, le talent, la magie d'Emma, c'était la façon la plus sûre de faire sa cour à Caroline.

— D'après ce que je vois, d'après ce que j'entends, dit Caroline, il me semble qu'Emma vous a tenu sa parole. Il s'agit maintenant de la laisser reposer; d'ailleurs, il est une heure du matin, et Caserte, je vous remercie de l'avoir oublié, est à plusieurs milles de Naples.

Chacun comprit que c'était un congé bien en règle, et qu'en effet l'heure était venue de se retirer; on résuma tous les plaisirs de la soirée dans l'expression d'une dernière et suprême admiration; la reine donna sa main à baiser à trois ou quatre des plus favorisés,—le prince de Maliterno et le duc de Rocca-Romana furent de ceux-là, — retint Nelson et ses deux amis, à qui elle avait quelques mots à dire en particulier, et, appelant à elle la marquise de San-Clemente :

— Ma chère Elena, vous êtes près de moi de service après-demain.

— Demain, Votre Majesté veut dire ; car, ainsi qu'elle nous l'a fait observer, il est une heure du matin ; je tiens trop à cet honneur pour permettre qu'il soit retardé d'un jour.

— Je vais donc bien vous contrarier, ma chère Elena, dit la reine avec un sourire dont il eût été difficile de définir l'expression ; mais imaginez-vous que la comtesse San-Marco me demande la permission, avec votre agrément bien entendu, de prendre votre place, vous priant de prendre la sienne ; elle a je ne sais quelle chose importante à faire la semaine prochaine. Ne voyez-vous aucun inconvénient à cet échange?

— Aucun, madame, si ce n'est de retarder d'un jour le bonheur de vous faire ma cour.

— Eh bien, voilà qui est arrangé ; vous avez toute liberté demain, ma chère marquise.

— J'en profiterai probablement pour aller à la campagne avec le marquis de San-Clemente.

— A la bonne heure, dit la reine, voilà qui est exemplaire.

Et elle salua la marquise, qui, retenue par elle, fut la dernière à lui faire sa révérence et à sortir.

La reine se trouva seule alors avec Acton, Emma, les deux officiers anglais et Nelson.

— Mon cher lord, dit-elle à Nelson, j'ai tout lieu de penser que, demain ou après-demain, le roi recevra de Vienne des nouvelles dans votre sens relativement à la guerre; car vous êtes toujours d'avis, n'est-ce pas, que plus tôt on entrera en campagne, mieux cela vaudra?

— Non-seulement je suis de cet avis, madame, mais, si cet avis est adopté, je suis prêt à vous prêter le concours de la flotte anglaise.

— Nous en profiterons, milord; mais ce n'est point cela que j'ai à vous demander pour le moment.

— Que la reine ordonne, je suis prêt à lui obéir.

— Je sais, milord, combien le roi a confiance en vous; demain, si favorable à la guerre que soit la réponse de Vienne, il hésitera encore; une lettre de Votre Seigneurie, dans le même sens que celle de l'empereur, lèverait toutes ses irrésolutions.

— Doit-elle être adressée au roi, madame?

— Non, je connais mon auguste époux, il a une répugnance invincible à suivre les avis qui lui sont donnés directement; j'aimerais donc mieux qu'ils lui vinssent d'une lettre confidentielle écrite à lady Hamilton. Écrivez collectivement à elle et à sir William; à elle comme à la meilleure amie que j'aie, à sir William comme au meilleur ami qu'ait le roi; la chose lui revenant par double ricochet aura plus d'influence.

— Votre Majesté sait, dit Nelson, que je ne suis ni un diplomate ni un homme politique; ma lettre sera celle d'un marin qui dit franchement, rudement même, ce qu'il pense, et pas autre chose.

— C'est tout ce que je vous demande, milord. D'ailleurs, vous vous en allez avec le capitaine général, vous causerez en route; comme on décidera demain sans doute quelque chose d'important dans la matinée, venez dîner au palais; le baron Mack y dîne, vous combinerez vos mouvements.

Nelson s'inclina.

— Ce sera un dîner en petit comité, continua la reine; Emma et sir William seront des nôtres. Il s'agit de pousser et de presser le roi; moi-même, je retournerais à Naples ce soir, si ma pauvre Emma n'était pas si fatiguée. Vous savez, au reste, ajouta la reine en baissant la voix, que c'est pour vous et pour vous seul, mon cher amiral, qu'elle a dit et fait toutes les belles choses que vous avez vues et entendues.

7.

Puis, plus bas encore :

— Elle refusait obstinément, mais je lui ai dit que j'étais sûre qu'elle vous ravirait; tout son entêtement a tombé devant cette espérance.

— Oh! madame, par grâce! fit Emma.

— Voyons, ne rougissez pas et tendez votre belle main à notre héros; je lui donnerais bien la mienne, mais je suis sûre qu'il aimera mieux la vôtre; la mienne sera donc pour ces messieurs.

Et, en effet, elle tendit ses deux mains aux officiers, qui en baisèrent chacun une, tandis que Nelson, saisissant celle d'Emma avec plus de passion peut-être que ne le permettait l'étiquette royale, la portait à ses lèvres.

— Est-ce vrai, ce qu'a dit la reine, lui demanda-t-il à voix basse, que ce soit pour moi que vous avez consenti à dire des vers, à chanter et à danser ce pas qui a failli me rendre fou de jalousie?

Emma le regarda comme elle savait regarder quand elle voulait ôter à ses amants le peu de raison qui leur restait; puis, avec une expression de voix plus enivrante encore que ses yeux :

— L'ingrat, dit-elle, il le demande!

— La voiture de Son Excellence le capitaine général est prête, dit un valet de pied.

— Messieurs, dit Acton, quand vous voudrez.

Nelson et les deux officiers firent leurs révérences.

— Votre Majesté n'a pas d'ordres particuliers à me donner? dit Acton à la reine au moment où ils s'éloignaient.

— Si fait, dit la reine; à neuf heures ce soir, les trois inquisiteurs d'État dans la chambre obscure.

Acton salua et sortit; les deux officiers étaient déjà dans l'antichambre.

— Enfin! dit la reine en jetant son bras autour du cou d'Emma et en l'embrassant avec l'emportement qu'elle mettait dans toutes ses actions. J'ai cru que nous ne serions jamais seules!...

XLIV

LA CRÈCHE DU ROI FERDINAND

Le titre de ce chapitre doit paraître à peu près inintelligible à nos lecteurs; nous allons donc commencer par leur en donner l'explication.

Une des plus grandes solennités de Naples, une des plus fêtées, est la Noël, — *Natale*, comme on l'appelle. Trois mois d'avance, les plus pauvres familles se privent de tout, pour faire quelques économies, dont une partie passe à la loterie, dans l'espoir de gagner, et, avec ce gain, de passer gaiement la sainte nuit, et dont l'autre est mise en réserve pour le cas où la madone de la loterie, — car, à Naples, il y a des madones pour tout, — pour le cas où la madone de la loterie serait inflexible.

Ceux qui ne réussissent pas à faire des économies portent au Mont-de-Piété leurs pauvres bijoux, leurs misérables vêtements et jusqu'aux matelas de leur lit.

Ceux qui n'ont ni bijoux, ni matelas, ni vêtements à engager, volent.

On a remarqué qu'il y avait à Naples recrudescence de vols pendant le mois de décembre.

Chaque famille napolitaine, si misérable qu'elle soit, doit avoir à son souper, pendant la nuit de Noël, au moins trois plats de poisson sur sa table.

Le lendemain de la Noël, un tiers de la population de Naples est malade d'indigestion, et trente mille personnes se font saigner.

A Naples, on se fait saigner à tout propos : on se fait saigner parce qu'on a eu chaud, parce qu'on a eu froid, parce qu'il a fait *sirocco*, parce qu'il a fait *tramontane*. J'ai un petit domestique de onze ans qui, sur dix francs que je lui donne par mois, en met sept à la loterie, fait une rente d'un sou par jour à un moine qui lui donne depuis trois ans des numéros dont pas un seul n'est sorti, et garde les trente autres sous pour se faire saigner.

De temps en temps, il entre dans mon cabinet et me dit gravement :

— Monsieur, j'ai besoin de me faire saigner.

Et il se fait saigner, comme si un coup de lancette dans la veine était la chose la plus récréative du monde.

De cinquante pas en cinquante pas, on rencontre à Naples et surtout à l'époque que nous essayons de peindre, on rencontrait des boutiques de barbiers, *salassatori*, lesquels, comme au temps de Figaro, tiennent le rasoir d'une main et la lancette de l'autre.

Pardon de la digression, mais la saignée est un trait des mœurs napolitaines que nous ne pouvions passer sous silence.

Revenons à la Noël et surtout à ce que nous allions dire à propos de Naples.

Nous allions dire qu'un des grands amusements de Naples, à l'approche de Natale, amusement qui, chez les Napolitains de vieille roche, a persisté jusqu'à nos jours, était la composition des crèches.

En 1798, il y avait peu de grandes maisons de Naples qui n'eussent leur crèche, soit une crèche en miniature pour l'amusement des enfants, soit une crèche gigantesque pour l'édification des grandes personnes.

Le roi Ferdinand était renommé entre tous pour sa manière de faire sa crèche, et, dans la plus grande salle du rez-de-chaussée du palais royal, il avait fait pratiquer un théâtre de la grandeur du Théâtre-Français pour y installer sa crèche.

C'était un des amusements dont le prince de San-Nicandro avait occupé son active jeunesse et dont il avait conservé le goût, disons mieux, le fanatisme pendant son âge mûr.

Chez les particuliers, on faisait, et l'on fait encore aujourd'hui, servir les mêmes objets dont se composent les crèches à toutes les fêtes de Noël; la seule différence était dans leur disposition; mais, chez le roi, il n'en était pas ainsi, après être restée, un mois ou deux, livrée à l'admiration des spectateurs, la crèche royale était démantibulée, et, de tous les objets qui la composaient, le roi faisait des dons à ses favoris, qui recevaient ces dons comme une précieuse marque de la faveur royale.

Les crèches des particuliers selon les fortunes coûtaient de cinq cents à dix mille et même quinze mille francs; celle du roi Ferdinand, par le concours des peintres, des sculpteurs, des architectes, des machinistes et des mécaniciens qu'il employait, coûtait jusqu'à deux ou trois cent mille francs.

Six mois d'avance, le roi s'en occupait et donnait à sa crèche tout le temps qu'il ne donnait point à la chasse et à la pêche.

La crèche de l'année 1798 devait être particulièrement belle, et le roi y avait dépensé déjà de très-grosses sommes, bien qu'elle ne fût point entièrement terminée; voilà pourquoi, la veille, grâce aux dépenses faites pour les préparatifs de guerre, se trouvant à court d'argent, il avait, avec un certain côté enfantin, remarquable dans son caractère, pressé la rentrée de la part que la maison Backer et fils prenait pour son compte, dans la négociation de la lettre de change de vingt-cinq millions.

Les huit millions pesés et comptés dans la soirée, avaient été, selon la promesse d'André Backer, transportés, pendant la nuit, des caves de sa maison de banque dans celles du palais royal.

Et Ferdinand, joyeux et rayonnant, sans crainte que désormais l'argent manquât, avait envoyé chercher son ami le cardinal Ruffo, d'abord pour lui montrer sa crèche et lui demander ce qu'il en pensait, ensuite pour attendre avec lui le retour du courrier Antonio Ferrari, qui, ponctuel comme il l'était, eût dû arriver à Naples pendant la nuit, et, n'étant point arrivé pendant la nuit, ne devait pas se faire attendre plus tard que la matinée.

Il causait, en attendant, des mérites de saint Éphrem avec fra Pacifico, notre vieille connaissance, à qui sa popularité, toujours croissante, surtout depuis que deux jacobins avaient été sacrifiés à cette popularité, valait l'insigne honneur d'occuper une place dans la crèche du roi Ferdinand.

En conséquence, dans un coin de cette partie de la salle destiné, lors de l'ouverture de la crèche, à devenir le parterre, fra Pacifico et son âne Jocobino posaient devant un sculpteur, qui les moulait en terre glaise, en attendant qu'il les exécutât en bois.

Nous dirons tout à l'heure la place qui leur était assignée dans la grande composition que nous allons dérouler aux yeux de nos lecteurs.

Essayons donc, si laborieuse que soit cette tâche, de donner une idée de ce que c'était que la crèche du roi Ferdinand.

Nous avons dit qu'elle était fabriquée sur un théâtre de la grandeur et de la profondeur du Théâtre-Français, c'est-à-dire qu'elle avait de trente-quatre à trente-six pieds d'ouverture, et cinq ou six plans de la rampe au mur de fond.

L'espace entier, en largeur et en profondeur, était occupé par des sujets divers, établis sur des praticables qui allaient toujours s'élevant et qui représentaient les actes principaux de la vie de Jésus, depuis sa naissance dans la crèche au premier plan, jusqu'à son crucifiement au Calvaire au dernier plan, lequel, situé à l'extrême lointain, touchait presque aux frises.

Un chemin allait en serpentant par tout le théâtre et paraissait conduire de Bethléem au Golgotha.

Le premier et le plus important de tous ces sujets qui se présentât aux yeux, comme nous l'avons dit, était la naissance du Christ dans la grotte de Bethléem.

La grotte était divisée en deux compartiments : dans l'un, le plus grand, était la Vierge, avec l'Enfant Jésus, qu'elle tenait dans ses bras ou plutôt sur ses genoux ; elle avait à sa droite l'âne, qui brayait, et à sa gauche le bœuf, qui léchait la main que l'Enfant Jésus étendait vers lui.

Dans le petit compartiment était saint Joseph en prière.

Au-dessus du grand compartiment étaient écrits ces mots :

Grotte prise au naturel à Bethléem et dans laquelle enfanta la Vierge.

Au-dessus du petit compartiment :

Caveau dans lequel se retira saint Joseph pendant l'enfantement.

La Vierge était richement vêtue de brocart d'or; elle avait sur la tête un diadème en diamants, des boucles d'oreilles et des bracelets d'émeraudes, une ceinture de pierreries et des bagues à tous les doigts.

L'Enfant Jésus avait autour de la tête une feuille d'or représentant l'auréole.

Dans le compartiment de la Vierge et de l'Enfant Jésus se trouvait le tronc d'un palmier qui traversait la voûte et allait s'épanouir au grand jour : c'était le palmier de la légende, qui, mort et desséché depuis longtemps, avait repris ses feuilles et ses fruits au moment où, dans une des douleurs de l'enfantement, la Vierge, s'aidant de lui, l'avait pris et serré entre ses bras.

Agenouillés à la porte de la crèche étaient les trois rois mages apportant des bijoux, des vases précieux, des étoffes magnifiques à l'enfant divin. Bijoux, vases et étoffes étaient réels et tirés du trésor de la couronne ou du musée Borbonico; les rois mages avaient au cou le cordon de Saint-Janvier, et un grand nombre de valets formaient leur suite; ils conduisaient par la bride six chevaux attelés à un magnifique carrosse drapé.

Cette grotte, avec ses personnages de grandeur demi-nature, se trouvait à la gauche du spectateur, c'est-à-dire du côté *jardin*, comme on dit en termes de coulisses.

Au côté *cour*, c'est-à-dire à la droite du spectateur, étaient les trois bergers guidés par l'étoile et faisant pendant aux rois ; deux des trois tenaient des moutons avec des laisses de rubans ; le troisième portait entre ses bras un agneau que sa mère suivait en bêlant.

Au-dessus des bergers, au second plan, était la fuite en Egypte : la Vierge, montée sur un âne, tenant le petit Enfant Jésus dans ses bras, était suivie de saint Joseph marchant derrière elle, tandis qu'au-dessus d'elle quatre anges, suspendus en l'air, la garantissaient des ardeurs du soleil en étendant au-dessus de sa tête un manteau de velours bleu à franges d'or.

Le praticable, dominant l'Adoration des bergers, représentait la montée dei Capuccini à l'Infrascata, avec la façade du couvent de Saint-Éphrem.

Le groupe destiné à faire le pendant de la fuite en Égypte, devait se composer de fra Pacifico et de son âne, représentés *au naturel*, comme la grotte de

Bethléem; c'était pour que cette ressemblance fût parfaite et que l'homme et l'animal pussent être reconnus à la première vue, que fra Pacifico, trois jours auparavant, en passant devant largo Castello, avait reçu l'invitation d'entrer au palais, où le roi désirait lui parler. Fra Pacifico avait obéi, cherchant dans sa tête ce que pouvait lui vouloir le roi, et avait été conduit dans la salle de la crèche, où il avait appris de la bouche même de Sa Majesté le grand honneur que le roi comptait faire au couvent des capucins de Saint-Éphrem en mettant dans sa crèche le frère quêteur et son âne. Fra Pacifico avait, en conséquence, reçu l'avis que, tout le temps que dureraient les séances, il était inutile qu'il prît la peine de quêter, attendu que ce serait le maître d'hôtel du roi qui chargerait ses paniers. Depuis trois jours, les choses se passaient ainsi, à la grande satisfaction de fra Pacifico et de Jacobin, qui, dans leurs rêves d'ambition les plus exagérés, n'eussent jamais espéré être un jour admis à l'honneur de se trouver face à face avec le roi.

Aussi, fra Pacifico se retenait à grand'peine de crier : « Vive le roi! » et Jacobin, qui voyait braire son confrère de la crèche, se tenait à quatre pour n'en pas faire autant.

Les autres sujets, qui allaient toujours en s'éloignant, étaient : Jésus enseignant les docteurs, l'épisode de la Samaritaine, la pêche miraculeuse, Jésus marchant sur les eaux et soutenant le peu crédule saint Pierre, le groupe de Jésus et de la femme adultère, groupe dans lequel on pouvait remarquer une chose, c'est que, soit hasard, soit malice cynique du roi Ferdinand, la pécheresse à laquelle le Christ pardonne, avait les cheveux blonds de la reine et la lèvre avancée des princesses autrichiennes.

Le quatrième plan était occupé par le dîner chez Marthe, — dîner pendant lequel la Madeleine vint verser ses parfums sur les pieds du Christ et les essuyer avec ses cheveux, — par l'entrée triomphale de Notre-Seigneur à Jérusalem le jour des Rameaux. Des gardes du corps à l'uniforme du roi gardaient la porte de la ville et présentaient les armes à Jésus. Jérusalem offrait, en outre, ceci de remarquable qu'elle était fortifiée à la manière de Vauban et défendue par des canons; ce qui, comme on le sait, ne l'empêcha point d'être prise par Titus.

Par l'autre porte de Jérusalem, on voyait sortir Jésus, sa croix sur l'épaule, au milieu des gardes et du peuple, marchant au Calvaire, dont les stations étaient marquées par des croix.

Enfin, le Golgotha terminait la perspective à gauche du spectateur, tandis que la gauche de la crèche représentait, au même plan, la vallée de Josaphat avec les morts sortant de leurs tombeaux, dans des attitudes d'espérance ou de terreur, en attente du jugement dernier, auquel les a convoqués la trompette de l'ange qui plane au-dessus d'eux.

Dans les intervalles et sur le chemin qui, à travers les différents praticables, conduisait en serpentant de la crèche au Calvaire étaient semés des groupes auxquels l'archéologie n'avait rien à voir, des *pantalons* qui dansaient, des *paglietti* qui se disputaient, des lazzaroni qui s'en moquaient, et enfin des Polichinelles mangeant leur macaroni avec la béatitude que les Napolitains, pour lesquels le macaroni représente l'ambroisie antique, mettent à l'inglutition de cet aliment tombé de l'Olympe sur la terre.

Aucun terrain n'était perdu sur les surfaces planes. Sans s'inquiéter du mois où naquit Jésus, des moissonneurs faisaient la moisson, tandis que, sur les plans inclinés, des vignerons vendangeaient leurs vignes, ou des pasteurs faisaient paître leurs troupeaux.

Et tous ces personnages, qui montaient à près de trois cents, exécutés par d'habiles artistes, avaient la grandeur strictement mesurée au plan qu'ils devaient occuper, de sorte qu'ils aidaient à une perspective qui paraissait immense.

Le roi était en train, — tout en jetant un coup

d'œil à sa crèche, livrée au mécanicien du théâtre Saint-Charles pour la disposition de ses personnages, — de se faire raconter par fra Pacifico la légende du beccaïo, qui prenait chaque jour des proportions plus formidables. En effet, le brave égorgeur de boucs, après avoir été attaqué par un jacobin, puis par deux jacobins, puis par trois jacobins, avait fini par ne plus énumérer ses adversaires, et, s'il fallait l'en croire à cette heure, avait été attaqué, comme Falstaff, par toute une armée; seulement, il n'affirma point qu'elle fût vêtue de bougran vert.

Au milieu du récit de fra Pacifico, le cardinal Ruffo entra, mandé, comme nous l'avons dit, par le roi.

Ferdinand interrompit sa conversation avec fra Pacifico pour faire fête au cardinal, lequel, reconnaissant le moine et sachant de quel abominable crime il avait été la cause, sinon l'agent, s'éloigna de lui sous le prétexte d'admirer la crèche du roi.

Les séances de fra Pacifico étaient terminées; outre les trois charges de poisson, de légumes, de fruits, de viandes et de vin qu'il avait tirées des offices et des caves du roi et sous lesquelles Jacobin était rentré pliant au monastère, le roi ordonna qu'on lui comptât cent ducats par séance, à titre d'aumône, le congédia en lui demandant sa bénédiction, et, tandis que le moine, bénisseur digne du bénit, le cœur bondissant d'orgueil, s'éloignait sur son âne, il alla rejoindre Ruffo.

— Eh bien, mon éminentissime, lui dit-il, nous voici arrivés au 4 octobre, et pas de nouvelles de Vienne! Ferrari, contre ses habitudes, est de cinq ou six heures en retard; aussi vous ai-je envoyé chercher, convaincu qu'il ne pouvait tarder à arriver, et songeant, comme un égoïste, que je m'amuserais avec vous, tandis que je m'ennuierais en restant tout seul.

— Et vous avez d'autant mieux fait, sire, répondit Ruffo, qu'en traversant la cour, j'ai vu reconduire à l'écurie un cheval tout ruisselant d'eau, et aperçu de loin un homme que l'on soutenait sous les deux bras; cet homme montait avec peine l'escalier de votre appartement; à ses grandes bottes, à sa culotte de peau, à sa veste à brandebourgs, j'ai cru reconnaître le pauvre diable que vous attendez; peut-être lui est-il arrivé quelque malheur.

En ce moment, un valet de pied parut sur la porte.

— Sire, dit-il, le courrier Antonio Ferrari est arrivé, et attend dans votre cabinet qu'il plaise à Votre Majesté de recevoir les dépêches qu'il lui apporte.

— Mon éminentissime, dit le roi, voici notre réponse qui nous arrive.

Et, sans même s'informer près du valet de pied si Ferrari s'était blessé ou avait été blessé, Ferdinand monta rapidement par un escalier dérobé et se trouva installé dans son cabinet avec Ruffo avant le courrier, qui, retardé par sa blessure, ne marchait que lentement, et était obligé de s'arrêter de dix pas en dix pas.

Quelques secondes après, la porte du cabinet s'ouvrit, et Antonio Ferrari, toujours soutenu par les deux hommes qui l'avaient aidé à monter l'escalier, apparaissait sur le seuil, pâle et la tête enveloppée d'une bandelette ensanglantée.

XLV

PONCE PILATE

En apercevant le roi, Ferrari écarta les deux hommes qui le soutenaient, et, comme si la présence de son maître eût suffi à lui rendre ses forces, il fit seul trois pas en avant, et, tandis que les deux hommes se retiraient et refermaient la porte derrière eux, il tira de sa poche la dépêche de la main droite, la présenta au roi, tandis qu'il portait, pour saluer militairement, la gauche à son front.

— Bon ! dit pour tout remercîment le roi en prenant la dépêche, voilà mon imbécile qui s'est laissé tomber.

— Sire, répondit Ferrari, Votre Majesté sait qu'il n'y a pas, dans toutes les écuries du royaume, un cheval capable de me démonter ; c'est mon cheval, et non pas moi, qui s'est laissé tomber, et, quand le cheval tombe, sire, il faut que le cavalier, fût-il roi, en fasse autant.

— Et où cela t'est-il arrivé ? demanda Ferdinand.

— Dans la cour du château de Caserte, sire.

— Et que diable allais-tu faire dans la cour du château de Caserte ?

— Le maître de poste de Capoue m'avait dit que le roi était au château.

— C'est vrai, j'y étais, grommela le roi ; mais, à sept heures du soir, je l'avais quitté, ton château de Caserte.

— Sire, dit le cardinal, qui voyait pâlir et chanceler Ferrari, si Votre Majesté veut continuer l'interrogatoire, elle doit permettre à cet homme de s'asseoir, ou sinon il va se trouver mal.

— C'est bien, dit Ferdinand. Assieds-toi, animal !

Le cardinal approcha vivement un fauteuil.

Il était temps ; quelques secondes de plus, Ferrari tombait étendu sur le parquet ; il tomba seulement assis.

Quand le cardinal eut fini, le roi qui le regardait tout étonné de la peine qu'il se donnait pour son courrier, le prit à part et lui dit :

— Vous avez entendu, cardinal, à Caserte?

— Oui, sire.

— Justement, à Caserte! insista le roi.

Puis, à Ferrari :

— Et comment la chose est-elle arrivée ? demanda-t-il.

— Il y avait soirée chez la reine, sire, répondit le courrier. La cour était encombrée de voitures ; j'ai tourné trop court et n'ai point assez soutenu mon cheval en tournant ; il s'est abattu des quatre pieds et je me suis fendu la tête contre une borne.

— Hum ! fit le roi.

Et, tournant et retournant la lettre dans sa main, comme s'il hésitait à l'ouvrir :

— Et cette lettre, dit-il, c'est de l'empereur?

— Oui, sire : j'avais un petit retard de deux heures, parce que l'empereur était à Schœnbrünn.

— Voyons toujours ce que m'écrit mon neveu, venez, cardinal.

— Permettez, sire, que je donne un verre d'eau à

cet homme et que je lui mette à la main un flacon de sels, à moins que Votre Majesté ne lui permette de se retirer chez lui, auquel cas j'appellerais les hommes qui l'ont amené et je le ferais reconduire.

— Non pas! non pas! mon éminentissime; vous comprenez que j'ai à l'interroger.

En ce moment, on entendit gratter à la porte du cabinet donnant dans la chambre à coucher, et, derrière la porte, pousser de petis gémissements.

C'était Jupiter, qui reconnaissait Ferrari et qui, plus soucieux de son ami que Ferdinand ne l'était de son serviteur, demandait à entrer.

Ferrari, lui aussi, reconnut Jupiter et étendit machinalement le bras vers la porte.

— Veux-tu te taire, animal! cria Ferdinand en frappant du pied.

Ferrari laissa retomber son bras.

— Sire, dit Ruffo, ne permettrez-vous pas que deux amis, après s'être dit adieu au départ, se disent bonjour à l'arrivée?

Et, pensant que Jupiter tiendrait lieu au courrier de verre d'eau et de sels, il profita de ce que le roi, ayant décacheté la dépêche, était absorbé dans sa lecture, pour aller ouvrir à Jupiter la porte de la chambre à coucher.

Celui-ci, comme s'il eût deviné qu'il devait la

faveur qui lui était faite à une distraction de son maître, se glissa en rampant et en passant le plus loin possible du roi vers Ferrari, et, tournant autour de son fauteuil, il se dissimula derrière le siége et celui qui y était assis, allongeant câlinement sa tête caressante entre la cuisse et la main de son père nourricier.

— Cardinal, fit le roi, mon cher cardinal !

— Me voilà, sire, répondit l'Éminence.

— Lisez donc.

Puis, au courrier, tandis que le cardinal prenait la lettre et la lisait à son tour :

— C'est l'empereur lui-même qui a écrit cette lettre? demanda-t-il.

— Je ne sais, sire, répondit le courrier; mais c'est lui-même qui me l'a remise.

— Et, puisqu'il te l'a remise, personne n'a vu cette lettre?

— J'en puis jurer, sire.

— Elle ne t'a pas quitté?

— Elle était dans ma poche au moment où je me suis évanoui, elle était dans ma poche au moment où je suis revenu à moi.

— Tu t'es donc évanoui?

— Ce n'est point ma faute, le coup a été très-violent, sire.

— Et qu'a-t-on fait de toi quand tu as été évanoui ?

— On m'a porté dans la pharmacie.

— Qui cela ?

— M. Richard.

— Qui est-ce, M. Richard ? Je ne connais pas.

— Le secrétaire de M. Acton.

— Qui t'a pansé ?

— Le médecin de Santa-Maria.

— Et personne autre ?

— Je n'ai vu que lui et M. Richard, sire.

Ruffo se rapprocha du roi.

— Votre Majesté a lu ? dit-il.

— Pardieu ! fit le roi. Et vous ?

— Moi aussi.

— Qu'en dites-vous ?

— Je dis, sire, que la lettre est formelle. Les nouvelles que l'empereur reçoit de Rome sont, à ce qu'il paraît, les mêmes que les nôtres; il dit à Votre Majesté de se charger de l'armée du général Championnet; qu'il se chargera de celle du général Joubert.

— Oui, reprit le roi, et voyez : il ajoute qu'aussitôt que je serai à Rome, il passera la frontière avec cent quarante mille hommes.

— L'avis est positif.

— Le corps de la lettre, reprit Ferdinand avec défiance, n'est pas de la main de l'empereur.

— Non; mais la salutation et la signature sont autographes; peut-être Sa Majesté Impériale était-elle assez sûre de son secrétaire pour lui confier ce secret.

Le roi reprit la lettre des mains de Ruffo, la tourna et la retourna.

— Voulez-vous me montrer le cachet, sire?

— Oh! dit le roi, quant au cachet, il n'y a rien à y reprendre : c'est bien la tête de l'empereur Marc-Antoine, je l'ai reconnue.

— Marc-Aurèle, veut dire Votre Majesté.

— Marc-Antoine, Marc-Aurèle, murmura le roi, n'est-ce point la même chose?

— Pas tout à fait, sire, répliqua Ruffo en souriant; mais la question n'est point là; l'adresse est de la main de l'empereur, la signature est de la main de l'empereur; en conscience, sire, vous n'en pouvez pas demander davantage. Votre Majesté a-t-elle d'autres questions à faire à son courrier?

— Non, qu'il aille se faire panser.

Et il lui tourna le dos.

— Et voilà les hommes pour lesquels on se fait tuer! murmura Ruffo, en allant à la sonnette.

Au son du timbre, le valet de pied de service entra.

— Rappelez les deux valets de pied qui ont amené Ferrari, dit le cardinal.

— Oh! merci, Votre Éminence; j'ai repris des forces et je regagnerai bien ma chambre tout seul.

En effet, Ferrari se leva, salua le roi et s'achemina vers la porte, suivi de Jupiter.

— Ici, Jupiter! fit le roi.

Jupiter s'arrêta court, n'obéissant qu'à moitié, accompagna Ferrari des yeux jusqu'à ce que celui-ci fût dans l'antichambre, et, avec une plainte, alla se coucher sous la table du roi.

— Eh bien, idiot! que fais-tu là? demanda Ferdinand au valet de pied qui se tenait debout à la porte.

— Sire, répondit celui-ci en tressaillant, Son Excellence sir William Hamilton, ambassadeur d'Angleterre, fait demander si Votre Majesté veut bien lui faire l'honneur de le recevoir.

— Pardieu! tu sais bien que je le reçois toujours.

Le valet sortit.

— Dois-je me retirer, sire? demanda le cardinal.

— Non pas; restez au contraire, mon éminentissime; la solennité avec laquelle l'audience m'est demandée indique une communication officielle, et je ne serai probablement point fâché de vous consulter sur cette communication.

La porte se rouvrit.

— Son Excellence l'ambassadeur d'Angleterre! dit le valet sans reparaitre.

— *Zitto !* dit le roi en montrant au cardinal la lettre de l'empereur et en la mettant dans sa poche.

Le cardinal fit un geste qui correspondait à cette réponse : « Sire, la recommandation était inutile. »

Sir William Hamilton entra.

Il salua le roi, puis le cardinal.

— Soyez le bienvenu, sir William, dit le roi, d'autant mieux le bienvenu que je vous croyais à Caserte.

— J'y étais en effet, sire; mais la reine nous a fait l'honneur de nous ramener, lady Hamilton et moi, dans sa voiture.

— Ah! la reine est de retour?

— Oui, sire.

— Il y a longtemps que vous êtes arrivé?

— A l'instant même, et, ayant une communication à faire à Votre Majesté...

Le roi regarda Ruffo en clignant de l'œil.

— Secrète? demanda-t-il.

— C'est selon, sire, reprit sir William.

— Relative à la guerre, je présume? dit le roi.

— Justement, sire, relative à la guerre.

— En ce cas, vous pouvez parler devant Son Éminence; nous nous entretenions de ce sujet au moment où l'on vous a annoncé.

Le cardinal et sir William se saluèrent, ce qu'ils ne faisaient jamais quand ils pouvaient faire autrement.

— Eh bien, fit sir William renouant la conversation, Sa Seigneurie lord Nelson est venue hier passer la soirée à Caserte, et, en partant, nous a laissé, à lady Hamilton et à moi, une lettre que je crois de mon devoir de communiquer à Votre Majesté.

— La lettre est écrite en anglais?

— Lord Nelson ne parle que cette langue; mais, si Votre Majesté le désire, j'aurai l'honneur de la lui traduire en italien.

— Lisez, sir William, dit le roi; nous écoutons.

Et, en effet, pour justifier le pluriel employé par lui, le roi fit signe à Ruffo d'écouter pendant qu'il écoutait lui-même.

Voici le texte même de la lettre, que sir William traduisait de l'anglais en italien pour le roi, et que nous traduisons de l'anglais en français pour nos lecteurs (1) :

(1) Nous ne changeons pas une syllabe à la lettre de Nelson, que l'on doit accepter comme une pièce historique de la plus

A Lady Hamilton.

» Naples, 3 octobre 1798.

» Ma chère madame,

» L'intérêt que vous et sir William Hamilton avez toujours pris à Leurs Majestés Siciliennes est, depuis six ans, gravé dans mon cœur, et je puis vraiment dire que, dans toutes les occasions qui se sont offertes, et elles ont été nombreuses, je n'ai jamais cessé de manifester ma sincère sympathie pour le bonheur de ce royaume.

» En vertu de cet attachement, chère madame, je ne puis rester indifférent à ce qui s'est passé et à ce qui se passe à cette heure dans le royaume des Deux-Siciles, ni aux malheurs qui, d'après ce que je vois clairement sans être diplomate, sont prêts à s'étendre sur tout ce pays si loyal, et cela, par la pire de toutes les politiques, celle de la temporisation.

» Depuis mon arrivée dans ces mers, c'est-à-dire depuis le mois de mai passé, j'ai vu dans le peuple sicilien un peuple dévoué à son souverain, et détestant terriblement les Français et leurs principes.

---

haute importance, puisque c'est elle qui décida Ferdinand IV à faire la guerre à la France.

Depuis mon séjour à Naples, il en a été de même, et j'y ai trouvé les Napolitains, depuis le premier jusqu'au dernier, prêts à faire la guerre aux Français, qui, comme on le sait, organisent une armée de voleurs pour piller ce royaume et abattre la monarchie.

» Et, en effet, la politique de la France n'a-t-elle pas toujours été de bercer les gouvernements dans une fausse sécurité pour les détruire ensuite? et, comme je l'ai déjà assuré, est-ce qu'on ne sait pas que Naples est le pays qu'ils veulent surtout livrer au pillage? Sachant cela, mais sachant que Sa Majesté Sicilienne a une puissante armée, prête, m'assure-t-on, à marcher sur un pays qui lui ouvre les bras, avec l'avantage de porter la guerre ailleurs, au lieu de l'attendre de pied ferme, je m'étonne que cette armée ne se soit pas mise en marche depuis un mois.

» J'ai pleine confiance que l'arrivée si heureuse du général Mack poussera le gouvernement à profiter du moment le plus favorable que la Providence lui ait accordé; car, s'il attaque ou s'il attend d'être attaqué chez lui au lieu de porter la guerre au dehors, il n'est pas besoin d'être prophète pour prédire que ces royaumes seront perdus et que la monarchie sera détruite! Or, si malheureusement le gouvernement napolitain persiste dans ce misérable et ruineux système de temporisation, je vous recommanderai, mes bons amis, de tenir vos objets les plus précieux et vos personnes prêts à être embarqués à la moindre nouvelle d'invasion. Il est de mon devoir de penser et de pourvoir à votre sûreté, et avec elle je regrette de songer que cela pourra être nécessaire à celle de l'aimable reine de Naples et de sa famille; mais le mieux serait que les paroles du grand William Pitt, comte de Chatam, entrassent dans la tête des ministres de ce pays.

» Les mesures les plus hardies sont les plus sûres.

» C'est le sincère désir de celui qui se dit,

» Chère madame,

» Votre très-humble et très-dévoué admirateur et ami,

» Horace Nelson. »

— Est-ce tout? demanda le roi.

— Sire, répondit sir William, il y a un post-scriptum.

— Voyons le post-scriptum... A moins que...

Il fit un mouvement qui, visiblement, voulait dire : « A moins que le post-scriptum ne soit pour lady Hamilton elle seule. » Aussi, sir William, reprenant la lettre, se hâta-t-il de continuer :

« Je prie Votre Seigneurie de recevoir cette lettre comme une preuve, pour sir William Hamilton, auquel j'écris avec tout le respect qui lui est dû, de la ferme et inaltérable opinion d'un amiral anglais désireux de prouver sa fidélité envers son souverain, en faisant tout ce qui est en son pouvoir pour le bonheur de Leurs Majestés Siciliennes et de leur royaume. »

— Cette fois, c'est tout? demanda le roi.
— Oui, sire, répondit sir William.
— Cette lettre mérite d'être méditée, dit le roi.
— Elle renferme les conseils d'un véritable ami, sire, répondit sir William.
— Je crois que lord Nelson a promis d'être plus qu'un ami pour nous, mon cher sir William : il a promis d'être un allié.
— Et il remplira sa promesse... Tant que lord Nelson et sa flotte tiendront la mer Tyrrhénienne et celle de Sicile, Votre Majesté n'a point à craindre que ses côtes ne soient insultées par un seul bâtiment français; mais, sire, il croit, d'ici à six semaines ou deux mois, recevoir une autre destination; voilà pourquoi il serait utile de ne point perdre de temps.

— On dirait, en vérité, qu'ils se sont donné le mot, dit tout bas le roi au cardinal.

— Et ils se le seraient donné, répondit celui-ci en mettant sa voix au diapason de celle du roi, que cela n'en vaudrait que mieux.

— Votre avis bien sincère, sur cette guerre, cardinal ?

— Je crois, sire, que, si l'empereur d'Autriche tient la promesse qu'il vous fait, que, si Nelson garde scrupuleusement vos côtes, je crois, en effet, qu'il vaudrait mieux attaquer et surprendre les Français que d'attendre qu'ils vous attaquassent et vous surprissent.

— Alors, vous voulez la guerre, cardinal ?

— Je crois que, dans les conditions où se trouve Votre Majesté, le pis est d'attendre.

— Nelson veut la guerre ? demanda le roi à sir William.

— Il la conseille du moins avec la chaleur d'un sincère et inaltérable dévouement.

— Vous voulez la guerre ? continua le roi interrogeant sir William lui-même.

— Je répondrai, comme ambassadeur d'Angleterre, que je sais, en disant oui, seconder les désirs de mon gracieux souverain.

— Cardinal, dit le roi indiquant du doigt sa toilette de nuit, faites-moi le plaisir de verser de l'eau dans cette cuvette et de me la donner.

Le cardinal obéit sans faire la moindre observation, versa l'eau dans la cuvette et présenta la cuvette au roi.

Le roi retroussa ses manchettes et se lava les mains en les frottant avec une espèce de fureur.

— Vous voyez ce que je fais, sir William? dit-il.

— Je le vois, sire, répondit l'ambassadeur d'Angleterre, mais je ne me l'explique point parfaitement.

— Eh bien, je vais vous l'expliquer, dit le roi; je fais comme Pilate, je m'en lave les mains.

XLVI

LES INQUISITEURS D'ÉTAT

Le capitaine général Acton n'avait point oublié l'ordre que lui avait donné la reine le matin même, et il avait convoqué les inquisiteurs d'État dans la chambre obscure.

Neuf heures étaient l'heure indiquée; mais, pour faire preuve de zèle d'abord, et ensuite par inquiétude personnelle, chacun avait voulu arriver le premier; de sorte qu'à huit heures et demie, tous trois étaient réunis.

Ces trois hommes, dont les noms sont restés en exécration à Naples, et qui doivent être inscrits par l'historien sur les tables d'airain de la postérité, à côté de ceux des Laffémas et des Jeffreys, s'appelaient le prince de Castelcicala, Guidobaldi, Vanni.

Le prince de Castelcicala, le premier en grandeur, et, par conséquant, le premier en honte, était ambassadeur à Londres, lorsque la reine, ayant besoin de mettre sous la protection d'un des premiers noms de Naples ses vengeances publiques et privées, le rappela de son ambassade; il lui fallait un grand seigneur qui fût disposé à tout sacrifier à son ambition et prêt à boire toute honte pourvu qu'il trouvât au fond du verre de l'or et des faveurs : elle pensa au prince de Castelcicala; celui-ci accepta sans discussion; il avait compris qu'il y avait quelquefois plus à gagner à descendre qu'à monter, et, ayant calculé ce que pouvait attendre de la reconnaissance d'une reine l'homme qui se mettait au service de ses haines, de prince, il se faisait sbire et, d'ambassadeur, espion.

Guidobaldi n'était ni monté ni descendu en acceptant la mission qui lui était offerte : juge inique, magistrat prévaricateur, il était resté le même homme sans conscience qu'il avait toujours été; seulement, honoré de la faveur royale, membre d'une junte d'État au lieu d'être membre d'un simple tribunal, il avait opéré sur une plus large base.

Mais, si craints et si exécrés que le fussent le prince de Castelcicala et le juge Guidobaldi, ils étaient cependant moins craints et moins détestés que le procureur fiscal Vanni ; celui-là, il n'y avait point encore de comparaison pour lui dans l'espèce humaine, et, si l'avenir lui réservait dans le Sicilien Speciale un hideux pendant, ce pendant était encore inconnu. — Fouquier-Tinville, me direz-vous ? Non, il faut être juste pour tous, même pour les Fouquier-Tinville. Celui-ci était l'accusateur du comité de salut public ; comme au sacrificateur, on lui amenait la victime et on lui disait : *Tue!* mais il ne l'allait point chercher ; il n'était pas tout à la fois comme Vanni, espion pour la découvrir, sbire pour l'arrêter, juge pour la condamner. « Que me reproche-t-on ? criait Fouquier-Tinville à ses juges, qui l'accusaient d'avoir fait tomber trois mille têtes ; est-ce que je suis un homme, moi ? Je suis une hache. Si vous me mettez en accusation, il faut y mettre aussi le couteau de la guillotine. »

Non, c'est dans le genre animal, c'est dans la famille des bêtes de nuit et de carnage, qu'il faut chercher l'équivalent de Vanni ; il y avait en lui du loup et de l'hyène non-seulement au moral, mais encore au physique; il avait les bonds imprévus du premier lorsqu'il fallait saisir sa proie, la marche tortueuse et muette de la seconde lorsqu'il fallait s'en approcher. Il était plutôt grand que petit; son regard était sombre et concentré; son visage était couleur de cendre, et, comme ce terrible Charles d'Anjou, dont Villani nous a laissé un si magnifique portrait, il ne riait jamais et dormait peu.

La première fois qu'il vint prendre place à la première junte, dont il fit partie, il entra dans la salle des séances, le visage bouleversé par la terreur, — était-elle vraie ou fausse? — les lunettes relevées sur le front, se heurtant à tous les meubles, à la table; il vint à ses confrères, en s'écriant :

— Messieurs, messieurs, voilà deux mois que je ne dors point en voyant les dangers auxquels est exposé *mon roi!*

Et, comme, en toute occasion, il ne cessait de dire *mon roi*, le président de la junte, s'impatientant, lui répondit à son tour :

— Votre roi! Qu'entendez-vous par ces mots, qui cachent votre orgueil sous l'apparence du zèle? Pourquoi ne dites-vous pas comme nous simplement : *notre roi?*

Nous répondrons pour Vanni, qui ne répondit point :

— Celui qui dans un gouvernement faible et despotique dit : *Mon roi*, doit nécessairement l'emporter sur celui qui dit seulement : *Notre roi*.

Ce fut grâce au zèle de Vanni que, comme nous l'avons dit, les prisons s'emplirent de suspects ; de prétendus coupables furent entassés dans des cachots infects, privés d'air, de lumière et de pain ; une fois enfermé dans une de ces fosses, le prisonnier, qui souvent ignorait la cause de son arrestation, ne savait plus, non-seulement quand il serait mis en liberté, mais même en jugement. Vanni, suprême directeur de la douleur publique, cessait de s'occuper de ceux qui étaient en prison une fois qu'ils y étaient, mais s'occupait seulement de ceux qui restaient à emprisonner. Si une mère, si une femme, si un fils, si une sœur, si une amante, venaient prier Vanni pour un fils, pour un époux, pour un frère, pour un amant, la prière du suppliant ajoutait encore au délit du prisonnier ; si les solliciteurs recouraient au roi, la chose était plus qu'inutile, elle devenait dangereuse, parce qu'alors, du roi, Vanni en appelait à la reine, et que, si le roi pardonnait quelquefois, la reine ne pardonnait jamais.

Vanni, tout au contraire de Guidobaldi, — et c'était cela qui le rendait plus terrible encore, — s'était fait une réputation de juge intègre mais inflexible; il réunissait à une ambition sans bornes une cruauté sans limites, et, pour le malheur de l'humanité, c'était en même temps un enthousiaste; l'affaire qui l'occupait était toujours une affaire immense, attendu qu'il la regardait au microscope de son imagination. De tels hommes sont non-seulement dangereux pour ceux qu'ils ont à juger, mais encore funestes pour ceux qui les font juges, parce que, ne sachant pas satisfaire leur ambition par des actions vraiment grandes, ils donnent une grandeur imaginaire à leur petites actions, les seules qu'ils puissent produire.

Il avait commencé à se faire cette réputation de juge intègre, mais inflexible, dans la conduite qu'il avait tenue à l'égard du prince de Tarsia. Le prince de Tarsia, avant le cardinal Ruffo, avait dirigé la fabrique de soie de San-Leucio : c'était une double erreur que le roi et le prince de Tarsia commettaient chacun de son côté, le roi en nommant le prince de Tarsia à un tel poste, le prince de Tarsia en l'acceptant. Ignorant dans une question de comptabilité, mais incapable de frauder; honnête homme lui-même, mais ne sachant pas s'entourer d'honnêtes gens, il se trouva, au bout de quelques années, dans la gestion du prince, un déficit de cent mille écus que Vanni fut chargé de liquider.

9.

Rien n'était plus facile que cette liquidation. Le prince était riche à un million de ducats et offrait de payer; mais, si le prince payait, il n'y avait plus de bruit, il n'y avait plus de scandale, et tout le bénéfice qu'espérait Vanni de cette affaire s'évanouissait; en deux heures, la chose pouvait être terminée et le déficit comblé sans que la fortune du prince en souffrit une grave atteinte; l'affaire, grâce au liquidateur, dura dix ans; le déficit persista et le prince fut ruiné d'argent et de réputation.

Mais Vanni eut un nom qui lui valut le sanglant honneur de faire partie de la junte d'État de 1796.

Une fois nommé, Vanni se mit à crier tout haut, à tous et partout, qu'il ne garantissait pas la sûreté de ses augustes souverains si on ne lui laissait pas incarcérer vingt mille jacobins à Naples seulement.

Chaque fois qu'il voyait la reine, il s'approchait d'elle, soit par un de ces bonds inattendus qu'il partageait avec le loup, soit par cette marche oblique qu'il tenait de l'hyène, et lui disait :

— Madame, je tiens le fil d'une conspiration ! Madame, je suis sur la trace d'un nouveau complot !

Et Caroline, qui se croyait entourée de complots et de conspirations, disait :

— Continuez, continuez, Vanni ! servez bien votre reine, et vous serez récompensé.

Cette terreur blanche dura plus de trois ans ; au bout de trois ans, l'indignation publique monta comme une marée d'équinoxe, et vint en quelque sorte battre les murs des prisons, où tant de prévenus étaient enfermés sans que jamais on eût pu prouver qu'un seul était coupable ; au bout de trois ans, les instructions, faites avec l'acharnement des haines politiques, n'avaient pu constater aucun délit ; Vanni recourut à une dernière espérance, se réfugia dans une dernière ressource, la torture.

Mais ce n'était point assez pour Vanni de la torture ordinaire : des traditions qui remontaient au moyen âge, époque depuis laquelle la torture n'avait point été appliquée, disaient que des esprits fermes, des corps robustes l'avaient supportée ; non, il réclamait la torture extraordinaire, que les anciens législateurs autorisaient dans les cas de lèse-majesté, et demandait que les chefs du complot, c'est-à-dire le chevalier de Medici, le duc de Canzano, l'abbé Monticelli et sept ou huit autres, fussent soumis à cette torture qu'il spécifiait lui-même dans un de ces sourires fatals qui tordaient sa bouche lorsqu'il était dans l'espérance que cette faveur lui serait accordée : *tormenti spietati come sopra cadaveri*, c'est-à-dire *des tourments pareils à ceux que l'on exercerait sur des cadavres.*

La conscience des juges se révolta, et, quoique Guidobaldi et Castelcicala fussent pour la torture *comme sur des cadavres,* le tribunal la repoussa à l'unanimité moins leurs deux voix.

Cette unanimité était le salut des prisonniers et la chute de Vanni.

Les prisonniers furent mis en liberté, la junte fut dissoute par le dégoût public, et Vanni renversé de son fauteuil de procureur fiscal.

Ce fut alors que la reine lui tendit la main, qu'elle lui fit donner le titre de marquis, et que, de ces trois hommes qui avaient encouru l'exécration publique, elle forma son tribunal à elle, son inquisition privée, jugeant dans la solitude, frappant dans les ténèbres, non plus avec le fer du bourreau, mais avec le poignard du sbire.

Nous avons vu à l'œuvre Pasquale de Simone; nous allons y voir Guidobaldi, Castelcicala et Vanni.

Les trois inquisiteurs d'État étaient donc réunis dans la chambre obscure; ils étaient assis, inquiets et sombres, autour de la table verte, éclairée par la lampe de bronze; l'abat-jour laissait leur visages dans l'ombre, de sorte que, d'un côté à l'autre de la table, ils ne se fussent point reconnus, s'ils n'eussent point su qui ils étaient.

Le message de la reine les troublait : un espion

plus habile qu'eux avait-il découvert quelque complot?

Chacun d'eux roulait donc en silence son inquiétude dans son esprit, sans en faire part à ses compagnons, attendant avec anxiété que la porte des appartements royaux s'ouvrît et que la reine parût.

Puis, de temps en temps, chacun jetait un regard rapide et ombrageux sur le coin le plus obscur de la chambre.

C'est que, dans ce coin, presque entièrement perdu dans l'ombre, à peine visible, se tenait le sbire Pasquale de Simone.

Peut-être en savait-il plus qu'eux, car, plus qu'eux encore, il était avant dans les secrets de la reine; mais, quoiqu'ils lui donnassent des ordres, pas un des inquisiteurs d'État n'eût osé l'interroger.

Seulement, sa présence témoignait de la gravité de l'affaire.

Pasquale de Simone, aux yeux mêmes des inquisiteurs d'État, était un personnage bien plus effrayant que maître Donato.

Maître Donato, c'était le bourreau public et patenté : Pasquale de Simone, c'était le bourreau secret et mystérieux; l'un était l'exécuteur de la loi, l'autre celui du bon plaisir royal.

Que le bon plaisir royal cessât de tenir pour ses fidèles Guidobaldi, Castelcicala, Vanni, il ne pouvait les déférer à la loi : ils savaient et eussent révélé trop de choses.

Mais il pouvait les désigner à Pasquale de Simone, faire un seul geste, et, alors, tout ce qu'ils savaient, tout ce qu'ils pouvaient dire ne les protégeait plus, mais au contraire les condamnait ; un coup bien appliqué entre la sixième et la septième côte gauche, tout était dit, les secrets mouraient avec l'homme, et son dernier soupir, pour celui qui passait à dix pas de l'endroit où il était frappé, n'était plus qu'une haleine du vent, plus triste, un souffle de la brise, plus mélancolique que les autres.

Neuf heures sonnèrent à cette horloge dont nous avons vu le timbre faire tressaillir la reine, la première fois qu'à sa suite nous introduisîmes le lecteur dans cette chambre, et, comme le dernier coup du marteau vibrait encore, la porte s'ouvrit et Caroline parut.

Les trois inquisiteurs d'État se levèrent d'un seul mouvement, saluèrent la reine et s'avancèrent vers elle. Elle tenait divers objets cachés sous un grand châle de cachemire rouge, jeté sur son épaule gauche plutôt en manière de manteau que de châle.

Pasquale de Simone ne bougea point ; la silhouette

rigide du sbire resta collée contre la muraille, comme une figure de tapisserie.

La reine prit la parole sans même laisser aux inquisiteurs d'État le temps de lui adresser leurs hommages.

— Cette fois, monsieur Vanni, dit-elle, ce n'est point vous qui tenez le fil d'un complot, ce n'est point vous qui êtes sur la trace d'une conspiration, c'est moi; mais, plus heureuse que vous qui avez trouvé les coupables sans trouver les preuves, j'ai trouvé les preuves d'abord, et, par les preuves, je vous apporte le moyens de trouver les coupables.

— Ce n'est cependant pas le zèle qui nous manque, madame, dit Vanni.

— Non, répondit la reine, puisque beaucoup même vous accusent d'en avoir trop.

— Jamais, quand il s'agit de Votre Majesté, dit le prince de Castelcicala.

— Jamais! répéta comme un écho Guidobaldi.

Pendant ce court dialogue, la reine s'était approchée de la table; elle écarta son châle et y déposa une paire de pistolets et une lettre encore légèrement teintée de sang.

Les trois inquisiteurs la regardèrent faire avec le plus grand étonnement.

— Asseyez-vous, messieurs, dit la reine. Marquis

Vanni, prenez la plume et écrivez les instructions que je vais vous donner.

Les trois hommes s'assirent, et la reine, restant debout, le poing fermé et appuyé sur la table, enveloppée de son châle de pourpre comme une impératrice romaine, dicta les paroles suivantes :

— Dans la nuit du 22 au 23 septembre dernier, six hommes étaient réunis dans les ruines du château de la reine Jeanne ; ils en attendaient un septième, envoyé de Rome par le général Championnet. L'homme envoyé par le général Championnet avait quitté son cheval à Pouzzoles ; il y avait pris une barque, et, malgré la tempête qui menaçait, et qui, quelque temps après, éclata en effet, il s'avança par mer vers le palais en ruine où il était attendu. Au moment où la barque allait aborder, elle sombra ; les deux pêcheurs qui la conduisaient périrent ; le messager tomba à l'eau comme eux, mais, plus heureux qu'eux, se sauva. Les six conjurés et lui restèrent en conférence jusqu'à minuit et demi, à peu près. Le messager sortit le premier et s'achemina vers la rivière de Chiaïa ; les six autres hommes quittèrent les ruines ; trois remontèrent le Pausilippe, trois autres suivirent en barque le bord de la mer en descendant du côté du château de l'Œuf. Un peu avant d'arriver à la fontaine du Lion, le messager fut assassiné...

— Assassiné! s'écria Vanni; et par qui?

— Cela ne nous regarde point, répondit la reine d'un ton glacé; nous n'avons pas à poursuivre ses assassins.

Vanni vit qu'il avait fait fausse route et se tut.

— Avant de tomber, il tua deux hommes avec les pistolets que voici, et en blessa deux avec le sabre que vous trouverez dans cette armoire. (Et la reine indiqua l'armoire où, quinze jours auparavant, elle avait enfermé le sabre et le manteau.) Le sabre, vous pourrez le voir, est de fabrique française; mais les pistolets, vous pourrez le voir aussi, sont des manufactures royales de Naples; ils sont marqués d'une N., première lettre du nom de baptême de leur propriétaire.

Pas un souffle n'interrompit la reine; on eût dit que ses trois auditeurs étaient de marbre.

— Je vous ai dit, continua-t-elle, que le sabre était de fabrique française; mais, au lieu de l'uniforme que le messager portait en arrivant et qui avait été mouillé par la pluie et par l'eau de mer, il portait une houppelande de velours vert à brandebourgs qui lui avait été prêtée par un des six conjurés. Le conjuré qui lui avait prêté cette redingote avait oublié dans la poche une lettre; c'est une lettre de femme, une lettre d'amour, adressée à un jeune homme dont le nom est Nicolino. Les N incrustées sur les pistolets prouvent qu'ils appartiennent à la même personne à laquelle est adressée la lettre, et qui, en prêtant la redingote, a prêté aussi les pistolets.

— Cette lettre, dit Castelcicala après l'avoir examinée avec soin, n'a pour toute signature qu'une initiale, un E.

— Cette lettre, dit la reine, est de la marquise Elena de San-Clemente.

Les trois inquisiteurs se regardèrent.

— Une des dames d'honneur de Votre Majesté, je crois, fit Guidobaldi.

— Une de mes dames d'honneur, oui, monsieur, répondit la reine avec un singulier sourire, qui semblait dénier à la marquise de San-Clemente la qualification de *dame d'honneur* que Guidobaldi lui donnait. Or, comme les amants sont encore, à ce qu'il paraît, dans leur lune de miel, j'ai donné ce matin congé à la marquise de San-Clemente, qui était de service près de moi demain, et qui sera remplacée demain par la comtesse de San-Marco. Or, écoutez bien ceci, continua la reine.

Les trois inquisiteurs se rapprochèrent de Caroline en s'allongeant sur la table et entrèrent dans le cercle de lumière versé par la lampe, de manière que leurs trois têtes, restées jusque-là dans l'ombre, se trouvèrent tout à coup éclairées.

— Or, écoutez bien ceci : il est probable que la marquise de San-Clemente, *ma dame d'honneur*, comme vous l'appelez, monsieur Guidobaldi, ne dira pas à son mari un mot du congé que je lui donne, et consacrera toute la journée de demain à son cher Nicolino ; vous comprenez maintenant, n'est-ce pas ?

Les trois hommes levèrent leurs yeux interrogateurs sur la reine ; ils n'avaient point compris.

Caroline continua.

— C'est bien simple cependant, dit-elle. Pasquale de Simone entoure avec ses hommes le palais de la marquise de San-Clemente ; ils la voient sortir, ils la suivent sans affectation ; le rendez-vous est dans une maison tierce ; ils reconnaissent le Nicolino, ils laissent aux amants tout le loisir d'être ensemble. La marquise sort probablement la première, et, quand Nicolino sort à son tour, ils arrêtent Nicolino, mais sans lui faire aucun mal... La tête de celui qui le toucherait autrement que pour le faire prisonnier, dit la reine en élevant la voix et en fronçant le sourcil, me répondrait de sa vie ! Les hommes de Pasquale de Simone le prennent donc vivant, le conduisent au château Saint-Elme et le recommandent tout particulièrement au gouverneur, qui choisit pour lui un de ses cachots les plus sûrs. S'il consent à nommer ses complices, tout va bien ; s'il refuse, alors, Vanni, cela vous regarde ; vous n'aurez plus un tribunal stupide pour vous empêcher de donner la torture, et vous agirez *comme sur un cadavre*. Est-ce clair, cela, messieurs? Et, quand je me mêle de découvrir des conspirations, suis-je un bon limier?

— Tout ce que fait la reine est marqué au coin du génie, dit Vanni en s'inclinant. Votre Majesté a-t-elle d'autres ordres à nous donner?

— Aucun, répliqua la reine. Ce que le marquis Vanni vient d'écrire vous servira de règle à tous trois ; après le premier interrogatoire, vous me rendrez compte. Prenez le manteau et le sabre qui se trouvent dans cette armoire, les pistolets et la lettre qui se trouvent sur cette table comme preuves de conviction, et que Dieu vous garde !

La reine fit aux trois inquisiteurs un salut de la main ; tous trois saluèrent profondément et sortirent à reculons.

Lorsque la porte se fut refermée derrière eux, Caroline fit un signe à Pasquale de Simone ; le sbire s'approcha au point de n'être séparé de la reine que par la largeur de la table.

— Tu as entendu? lui dit la reine en jetant sur la table une bourse pleine d'or.

— Oui, Votre Majesté, répondit le sbire en prenant la bourse et en remerciant par un salut.

— Demain, ici, à la même heure, tu te trouveras pour me rendre compte de ce qui se sera passé.

Le lendemain, à la même heure, la reine apprenait de la bouche de Pasquale que l'amant de la marquise de San-Clemente, surpris à l'improviste, avait été arrêté à trois heures de l'après-midi sans avoir pu opposer aucune résistance, conduit au château Saint-Elme et écroué.

Elle apprit, en outre, que cet amant était Nicolino Caracciolo, frère du duc de Rocca Romana et neveu de l'amiral.

— Ah! murmura-t-elle, si nous avions le bonheur que l'amiral en fût!

XLVII

LE DÉPART

Quinze jours après les événements que nous avons racontés dans le précédent chapitre, c'est-à-dire après l'arrestation de Nicolino Caracciolo, par une de ces belles journées où l'automne napolitain rivalise avec le printemps et l'été des autres pays, la population, non-seulement de Naples tout entière, mais encore des villes voisines et des villages voisins, se pressait aux abords du palais royal, encombrant d'un côté la descente du Géant, de l'autre Toledo, et, en face de la grande entrée du château, toutes les rues qui aboutissaient à cette large place avant que l'église Saint-François-de-Paul, résultat d'un vœu postérieur à l'époque à laquelle nous sommes arrivés, fût bâtie; mais à toutes les extrémités des rues aboutissant à cette place, appelée aujourd'hui place du Plébiscite, un cordon de troupes empêchait le peuple d'aller plus loin.

C'est qu'au centre de la place, le général Mack paradait au milieu d'un brillant état-major composé d'officiers supérieurs parmi lesquels on distinguait le général Micheroux et le général de Damas, deux émigrés français qui avaient mis leur haine et leur épée au service de l'ennemi le plus acharné de la France; le général Naselli, qui devait commander le corps d'expédition dirigé sur la Toscane; le général Parisi, le général de Gambs et le général Fonseca, les colonels San-Filippo et Giustini, et avec eux, tenant le rang d'officiers d'ordonnance, les représentants des plus illustres familles Naples.

Ces officiers étaient couverts de croix de tous les pays, de cordons de toutes les couleurs; leurs uniformes étincelaient de broderies d'or; sur leurs chapeaux à trois cornes ondoyaient ces panaches tant aimés des peuples méridionaux. Ils s'élançaient rapidement d'un bout à l'autre de la place, sous prétexte de porter des ordres, mais en réalité pour faire admirer leur bonne mine et la grâce avec laquelle ils manœuvraient leurs chevaux. A toutes les fenêtres donnant sur la place, à toutes celles d'où la vue pouvait y pénétrer, des femmes en grande toilette, ombragées par les drapeaux blancs des Bourbons et les drapeaux rouges de l'Angleterre, les saluaient en agitant leurs mouchoirs. Les cris de « Vive le roi! vive l'Angleterre! vive Nelson! mort aux Français! » s'élevaient comme des bouffées de menaces, comme des rafales de tempête, au milieu de la houle humaine dont les vagues venaient battre les digues qu'elles menaçaient à tout moment de renverser. Ces cris, partis du fond de la rue, montaient de fenêtre en fenêtre, comme ces serpents de flamme qui vont allumer les feux d'artifice jusqu'aux derniers étages, et allaient mourir sur les terrasses couvertes de spectateurs.

Tout cet état-major galopant sur la place, tout ce peuple entassé dans les rues, toutes ces dames agitant leurs mouchoirs, tous ces spectateurs encombrant les terrasses, tout cela attendait le roi Ferdinand, allant se mettre à la tête de son armée pour marcher de sa personne contre les Français.

Depuis huit jours déjà, la guerre était hautement décidée; les prêtres prêchaient dans les églises, les moines tonnaient sur les places et dans les carrefours, montés sur les bornes ou sur des tréteaux; les proclamations de Ferdinand couvraient toutes les murailles. Elles déclaraient que le roi avait fait tout ce qu'il avait pu pour conserver l'amitié des Français, mais que l'honneur napolitain était outragé par l'occupation de Malte, fief du royaume de Sicile, qu'il ne pouvait tolérer l'envahissement des États du pape, qu'il aimait comme son antique allié, et qu'il respectait comme chef de l'Église, et qu'en conséquence il faisait marcher son armée pour restituer Rome à son légitime souverain.

Puis, s'adressant directement au peuple, il lui disait :

« Si j'avais pu obtenir cet avantage par tout autre sacrifice, je n'eusse point hésité à le faire; mais quel espoir de succès y eût-il eu après tant de funestes exemples qui vous sont tous bien connus? Plein de confiance dans la bonté du Dieu des armées, qui guidera mes pas et dirigera mes opérations, je pars à la tête des courageux défenseurs de la patrie. Je vais avec la plus grande joie braver tous les dangers pour l'amour de mes compatriotes, de mes frères et de mes enfants; car je vous ai toujours considérés comme tels. Soyez fidèles à Dieu, obéissez aux ordres de ma bien-aimée compagne, que je charge du soin de gouverner en mon absence. Je vous recommande de la respecter et de la chérir comme une mère. Je vous laisse aussi mes enfants, continuait-il, qui ne doivent pas vous être moins chers qu'à moi. Quels que soient les événements, souvenez-vous que vous êtes Napolitains, que, pour être brave, il suffit de le vouloir et qu'il vaut mieux mourir glorieusement pour la cause de Dieu et pour celle de son pays, que de vivre dans une fatale oppression. Que le ciel répande sur vous ses bénédictions! Tel est le vœu de celui qui, tant qu'il vivra, conservera pour vous les tendres sentiments d'un souverain et d'un père. »

C'était la première fois que le roi de Naples s'adressait directement à son peuple, lui parlait de son amour pour lui, lui vantait sa paternité, en appelait à son courage et lui confiait sa femme et ses enfants. Depuis la bataille de Velletri, qui avait été gagnée en 1744 par les Espagnols sur les Allemands, et qui avait assuré le trône à Charles III, les Napolitains n'avaient entendu le canon que les jours de grandes fêtes; ce qui n'empêchait point que, dans leur orgueil national, il ne se crussent les premiers soldats du monde.

Quant à Ferdinand, il n'avait jamais eu l'occasion de prouver ni son courage ni ses talents militaires; donc, on ne pouvait l'accuser d'avance ni d'incapacité ni de faiblesse. Lui seul savait que penser de lui-même, et il s'en était expliqué en présence de Mack, comme on l'a vu, avec son cynisme ordinaire.

Or, c'était déjà un grand progrès social qu'ayant à prendre une décision aussi grave que celle de la guerre, ayant à combattre un ennemi aussi dangereux que l'étaient les Français, il s'adressât à son peuple pour se justifier bien ou mal, devant ses sujets, de cette nécessité dans laquelle il s'était mis de les faire tuer.

Il est vrai que, sans compter l'aide de l'Autriche, de laquelle, après la lettre qu'il avait reçue, il ne faisait aucun doute, il comptait sur une division du côté du Piémont. Une dépêche particulière avait été écrite par le prince Belmonte au chevalier Priocca, ministre du roi de Sardaigne. Si nous n'avions pas le texte de cette dépêche sous les yeux, et si, par conséquent, nous n'étions pas certain de son authenticité, nous hésiterions à la reproduire, tant le droit des nations, tant la morale divine et humaine nous y semblent outrageusement violés.

La voici :

« Monsieur le chevalier,

» Nous savons que, dans le conseil de Sa Majesté le roi de Sardaigne, plusieurs ministres circonspects, pour ne pas dire timides, frémissent à l'idée de parjure et de meurtre, comme si le dernier traité d'alliance entre la France et la Sardaigne était un acte politique de nature à être respecté ! N'a-t-il pas été dicté par la force oppressive du vainqueur ? n'a-t-il pas été accepté sous l'empire de la nécessité ? De pareils traités ne sont que des injustices du plus fort à l'égard de l'opprimé, qui, en les violant, s'en dégage à la première occasion que lui offre la faveur de la fortune.

» Quoi ! en présence de votre roi prisonnier dans sa capitale, entouré de baïonnettes ennemies, vous appelleriez parjure ne point tenir les promesses arrachées par la nécessité, désapprouvées par la conscience ? Vous appelleriez assassinat l'extermination de vos tyrans ? La faiblesse des opprimés ne pourra donc jamais espérer aucun secours légitime contre la force qui les opprime ?

» Les bataillons français, pleins de confiance et de sécurité dans la paix, sont disséminés dans le

Piémont ; excitez le patriotisme du peuple jusqu'à l'enthousiasme et la fureur, de sorte que tout Piémontais aspire à l'honneur d'abattre un ennemi de la patrie ; ces meurtres partiels profiteront plus au Piémont que des victoires remportées sur le champ de bataille, et jamais la postérité équitable ne donnera le nom de trahison à des actes énergiques de tout un peuple qui passe sur le cadavre de ses oppresseurs pour reconquérir sa liberté. Nos braves Napolitains, sous la conduite du général Mack, donneront les premiers le signal de mort contre l'ennemi des trônes et des peuples, et peut-être seront-ils déjà en marche quand cette lettre vous parviendra. »

Toutes ces excitations avaient soulevé dans le peuple napolitain, si facile à porter aux extrêmes, un enthousiasme qui tenait du délire. Ce roi qui, second Godefroy de Bouillon, entreprenait la guerre sainte, ce champion de l'Église qui volait au secours des autels abattus, de la religion profanée, c'était l'exemple de la chrétienté, c'était l'idole de Naples, et quiconque se fût hasardé dans cette foule, vêtu d'un pantalon ou coiffé à la Titus, eût couru le risque de la vie ; aussi tous ceux qui pouvaient être soupçonnés de jacobinisme, c'est-à-dire de désirer le progrès, de désirer l'instruction, de regarder enfin la France comme l'initiatrice des peuples à la civilisation; aussi ceux-là étaient-ils prudemment enfermés chez eux et se gardaient-ils bien de se mêler à cette foule.

Et cependant, si bien disposée qu'elle fût, elle n'en commençait pas moins à s'impatienter, — car c'était la même qui injurie saint Janvier lorsqu'il tarde à faire son miracle, — et le roi, dont la présence était annoncée pour neuf heures, n'avait point encore paru, quoique toutes les horloges de toutes les églises de Naples eussent sonné dix heures et demie; or, on savait cela, le roi n'avait point l'habitude de se faire attendre; à ses rendez-vous de chasse, il arrivait toujours le premier; au théâtre, quoiqu'il sût parfaitement que le rideau ne se lèverait point avant qu'il fût dans la salle, il arrivait toujours pour le lever du rideau, que trois ou quatre fois à peine dans sa vie, il avait retardé; quant à manger son macaroni, divertissement qu'il savait être impatiemment attendu de tout le parterre, jamais il ne dépassait le moment où le Temps, qui sert d'horloge à Saint-Charles, marquait dix heures avec la pointe de sa faux. D'où venait donc ce peu d'empressement de se rendre aux désirs d'un peuple auquel, dans ses proclamations, il dispensait tant d'amour? C'est que ce roi entreprenait une aventure bien autrement hasardeuse que celle de courre le cerf, le daim ou le sanglier, d'affronter à Saint-Charles deux actes d'opéra et trois actes de ballet ; le roi jouait un jeu qu'il n'avait point joué encore et auquel il avait la conscience de son peu d'habileté ; il ne se hâtait donc point de relever ses cartes.

Enfin les tambours battirent aux champs, les quatre musiques disposées aux quatre angles de la place éclatèrent toutes les quatre en même temps, les fenêtres de la façade du palais donnant sur le balcon s'ouvrirent, et les balcons furent envahis, celui du milieu par la reine, le prince royal, la princesse de Calabre, les princes et les princesses de la famille royale, sir William et lady Hamilton, et par Nelson, Troubridge et Ball, enfin par les sept ministres. Les autres balcons furent occupés par les dames d'honneur, les chevaliers d'honneur, les chambellans de service et tous ceux qui de près ou de loin tenaient à la cour ; et, en même temps, au milieu de cris frénétiques, de hourras assourdissants, le roi lui-même, dans l'encadrement de la grande porte du palais, parut à cheval, escorté par les princes de Saxe et de Philipsthal, et suivi de son aide de camp de confiance, le marquis Malaspina, que nous avons déjà entrevu près de lui sur la galère capitane et de son ami particulier le duc d'Ascoli, — dont la connaissance pour nous date du même jour, — ami sans lequel le roi avait déclaré ne vouloir point partir, et qui, quoi qu'il n'eût aucun grade dans l'armée, avait consenti avec joie à suivre son souverain.

Le roi, à cheval, regagnait une partie des avantages qu'il perdait à pied ; d'ailleurs, il était, avec le duc de Rocca-Romana, le meilleur cavalier de son royaume, et, quoiqu'il se tînt un peu courbé, il avait beaucoup plus de grâce à cet exercice qu'à aucun autre.

Cependant, avant même d'avoir dépassé la grande porte, soit hasard, soit présage, son cheval, ordinairement sûr et doux, fit un écart qui eût désarçonné tout autre écuyer, puis, refusant d'entrer dans la place, se cabra au point qu'il manqua de se renverser sur son cavalier ; mais le roi lui rendit la main, lui enfonça les éperons dans le ventre, et, d'un seul bond, comme s'il eût eu quelque obstacle invisible à franchir, le cheval se trouva sur la place.

— Mauvais augure ! dit au duc d'Ascoli le marquis Malaspina, homme d'esprit et frondeur enragé ; un Romain rentrerait chez lui.

Mais le roi, qui avait assez des préjugés modernes, auxquels il faisait une large part, sans songer à ceux de l'antiquité, que d'ailleurs il ne connaissait point, le sourire sur les lèvres, et tout fier de montrer son habileté à une pareille galerie, s'élança au milieu du cercle que les généraux avaient formé pour le recevoir ; il était vêtu d'un brillant uniforme de feld-maréchal autrichien, couvert de broderies et de cordons ; sur son chapeau flottait un panache rival pour la blancheur et le volume de celui de son aïeul Henri IV à Ivry, et que l'armée devait suivre, non pas comme celui du vainqueur de Mayenne sur la route de l'honneur et de la victoire, mais sur celle de la défaite et de la honte.

A la vue du roi, nous l'avons dit, les cris, les hourras, les acclamations avaient retenti et grandi comme un tonnerre. Le roi, tout fier de son triomphe, eut sans doute alors un moment confiance en lui-même ; il fit pivoter son cheval pour faire face à la reine, et la salua en levant son chapeau.

Alors, tous les balcons du palais s'animèrent à leur tour ; des cris s'en échappèrent, les mouchoirs volèrent en l'air, les enfants tendirent les bras au roi, la foule se joignit à cette démonstration, qui devint universelle et à laquelle se mêlèrent les vaisseaux de la rade en se pavoisant et les canons des forts en multipliant les salves de l'artillerie.

En même temps, par la pente de l'arsenal, montèrent, avec un bruit retentissant et guerrier, vingt-cinq pièces de canon avec leurs fourgons et leurs artilleurs ; ces vingt-cinq pièces de canon étaient destinées au corps d'armée du centre, c'est-à-dire à celui à la tête duquel devaient marcher le roi et le général Mack; enfin venait le trésor de l'armée, enfermé dans des voitures de fer.

Onze heures sonnèrent à l'église Saint Ferdinand.

C'était l'heure du départ, ou plutôt on était en retard d'une heure : l'heure du départ était dix heures.

Le roi voulut finir par un coup de théâtre.

— Mes enfants! cria-t-il en étendant les bras vers le balcon où étaient, avec les jeunes princesses, les jeunes princes Léopold et Albert.

Ceux-ci étaient les deux derniers fils du roi : l'un âgé de neuf ans, Léopold, qui fut depuis le prince de Salerne, favori de la reine; Albert, le favori du roi, âgé de six ans, et dont les jours étaient déjà comptés.

Les deux enfants, en s'entendant appeler par le roi, disparurent du balcon, descendirent avec leurs professeurs, et, leur échappant dans les escaliers, s'élancèrent par la grande porte, s'aventurant, avec l'insoucieux courage de la jeunesse, au milieu des chevaux encombrant la place, et coururent au roi.

Le roi les prit tour à tour, et, les soulevant de terre, les embrassa.

Puis il les montra au peuple en criant d'une voix

forte et qui fut entendue des premiers rangs et, par les premiers, communiquée aux derniers :

— Je vous les recommande, mes amis ; c'est, après la reine, ce que j'ai de plus précieux au monde.

Et, rendant les enfants à leurs précepteurs, il ajouta, en tirant son épée avec ce même geste qu'il avait trouvé si ridicule lorsque Mack avait tiré la sienne :

— Et moi, moi, je vais vaincre ou mourir pour vous !

A ces paroles, l'émotion monta à son comble ; les jeunes princesses pleurèrent, la reine porta son mouchoir à ses yeux, le duc de Calabre leva les mains au ciel, comme pour appeler la bénédiction de Dieu sur la tête de son père, les professeurs prirent les jeunes princes dans leurs bras, les emportèrent malgré leurs cris, et la foule éclata en hourras et en sanglots.

L'effet désiré était produit ; demeurer plus longtemps, c'était l'amoindrir ; les trompettes donnèrent le signal du départ et se mirent en marche. Un petit corps de cavalerie, stationnant largo San-Ferdinando, se rangea à leur suite et fit tête de colonne ; le roi s'avança immédiatement après, au milieu d'un grand espace vide, saluant le peuple, qui répondait par les cris de « Vive Ferdinand IV ! Vive Pie VI ! Mort aux Français ! »

Mack et tout l'état-major venaient après le roi; après l'état-major, tout ce formidable appareil que nous avons dit, suivi lui-même d'un petit corps de cavalerie comme celui qui marchait en tête.

Avant de quitter tout à fait la place du Château, le roi se retourna une dernière fois pour saluer la reine et dire adieu à ses enfants.

Puis il s'engouffra dans la longue rue de Tolède, qui, par largo Mercatello, Port'Alba et largo delle Pigne, devait le conduire sur la route de Capoue, où la suite du roi allait faire sa première station, tandis que le roi ferait, à Caserte, ses adieux réels à sa femme et à ses enfants et une dernière visite à ses kangourous. Ce que le roi regrettait le plus à Naples, c'était sa crèche, qu'il laissait inachevée.

Hors de la ville, une voiture l'attendait; il y monta avec le duc d'Ascoli, le général Mack, le marquis Malaspina, et tous quatre allèrent tranquillement attendre à Caserte, où devaient, deux heures après, les rejoindre la reine, la famille royale et les intimes de la cour, le départ du lendemain, qui devait être la véritable entrée en campagne.

XLVIII

QUELQUES PAGES D'HISTOIRE

Quoique nous n'ayons nullement l'intention de nous faire l'historien de cette campagne, force nous est de suivre le roi Ferdinand dans sa marche triomphale au moins jusqu'à Rome, et de recueillir les événements les plus importants de cette marche.

L'armée du roi de Sicile avait déjà, depuis plus d'un mois, pris ses positions de cantonnement; elle était divisée en trois corps : 22,000 hommes campaient à San-Germano, 16.000 dans les Abruzzes, 8,000 dans la plaine de Sessa, sans compter 6,000 hommes à Gaete, prêts à se mettre en marche, comme arrière-garde, au premier pas que les trois premiers corps feraient en avant, et 8,000 prêts à faire voile pour Livourne sous les ordres du général Naselli. Le premier corps devait marcher sous les ordres du roi en personne, le second sous ceux du général Micheroux, le troisième sous ceux du général de Damas.

Mack, nous l'avons dit, conduisait le premier corps.

C'étaient donc cinquante-deux mille hommes, sans compter le corps de Naselli, qui marchaient contre Championnet et ses neuf ou dix mille hommes.

Après trois ou quatre jours passés au camp de San-Germano, pendant lesquels la reine et Emma Lyonna, habillées toutes deux en amazones et montant de fringants chevaux pour faire admirer leur adresse, passèrent la revue du premier corps d'armée, et, par tous les moyens possibles, bonnes paroles et gracieux sourires aux officiers, double paye et distribution de vin aux soldats, exaltèrent de leur mieux l'enthousiasme de l'armée, on se quitta en augurant la victoire; et, tandis que la reine, Emma Lyonna, sir William Hamilton, Horace Nelson et les ambassadeurs et les barons invités à ces fêtes guerrières regagnaient Caserte, l'armée, à un signal donné, se mit en marche le même jour, à la même heure, sur trois points différents.

Nous avons vu les ordres donnés par le général Macdonald au nom du général Championnet, le jour où nous avons introduit nos lecteurs au palais Corsini et où nous les avons fait assister aux arrivées successives de l'ambassadeur français et du comte de Ruvo; ces ordres, on se le rappelle, étaient d'abandonner toutes les places et toutes les positions à l'approche des Napolitains; on ne sera donc point étonné de voir, devant l'agression du roi Ferdinand, toute l'armée française se mettre en retraite.

Le général Micheroux, formant l'aile droite avec dix mille soldats, traversa le Tronto, poussa devant lui la faible garnison française d'Ascoli, et, par la voie Émilienne, prit la direction de Porto-de-Fermo ; le général de Damas, formant l'aile gauche, suivit la voie Appienne, et le roi, conduisant le centre, partit de San-Germano et, ainsi que l'avait arrêté Mack dans son plan de campagne, marcha sur Rome par la route de Ceperano et Frosinone.

Le corps d'armée du roi arriva à Ceperano vers neuf heures du matin, et le roi fit halte dans la maison du syndic pour déjeuner. Le déjeuner fini, le général Mack, à qui le roi, depuis le départ de San-Germano, faisait l'honneur de l'admettre à sa table, demanda la permission d'appeler près de lui son aide de camp, le major Riescach.

C'était un jeune Autrichien de vingt-six à vingt-huit ans, ayant reçu une excellente éducation, parlant le français comme sa langue maternelle, et très-distingué sous son élégant uniforme. Il se rendit immédiatement aux ordres de son général.

Le jeune officier salua respectueusement le roi d'abord, puis son général, et attendit les ordres qu'il était venu recevoir.

— Sire, dit Mack, il est dans les usages de la guerre, et surtout parmi les gens comme il faut, que l'on prévienne l'ennemi que l'on va attaquer; je crois donc de mon devoir de prévenir le général républicain que nous venons de traverser la frontière.

— Vous dites que c'est dans les usages de la guerre? fit le roi.

— Oui, sire.

— Alors, prévenez, général, prévenez.

— D'ailleurs, en apprenant que nous marchons contre lui avec des forces imposantes, peut-être cédera-t-il la place.

— Ah! dit le roi, voilà qui serait tout à fait galant de sa part.

— Votre Majesté permet donc?

— Je le crois bien, pardieu! que je permets.

Mack fit tourner sa chaise sur un pied, et, appuyant son coude sur la table :

— Major Ulrich, dit-il, mettez-vous à ce bureau et écrivez.

Le major prit une plume.

— Écrivez, continua Mack, de votre plus belle écriture; car il est possible que le général républicain auquel elle est adressée ne sache pas lire très-couramment; ces messieurs ne sont pas forts, *généralement* parlant, continua Mack en riant du joli mot qu'il venait de faire, et je ne veux pas, s'il s'obstine à rester, qu'il puisse dire qu'il ne m'a pas compris.

— Si c'est au général Championnet, monsieur le baron, répliqua le jeune homme, que cette lettre est adressée, je ne crois pas que Votre Excellence ait rien de pareil à craindre. J'ai entendu dire que c'était un des hommes les plus lettrés de l'armée française; je ne m'en tiens pas moins prêt à exécuter les ordres de Votre Excellence.

— Et c'est ce que vous avez de mieux à faire, répliqua Mack un peu blessé de l'observation du jeune homme, et en faisant un signe impératif de la tête.

Le major s'apprêta à écrire.

— Votre Majesté me laisse libre dans ma rédaction? demanda au roi le général Mack.

— Parfaitement, parfaitement, répondit le roi, attendu que, si j'écrivais moi-même à votre citoyen général, si lettré qu'il soit, je crois qu'il aurait de la peine à s'en tirer.

— Écrivez, monsieur, dit Mack.

Et il dicta la lettre ou plutôt l'ultimatum suivant, qui n'est rapporté dans aucune histoire, que nous copions sur le double officiel envoyé à la reine, et qui est un modèle d'impertinence et d'orgueil :

« Monsieur le général,

» Je vous déclare que l'armée sicilienne, que j'ai l'honneur de commander sous les ordres du roi en personne, vient de traverser la frontière pour se mettre en possession des États romains, révolutionnés et usurpés depuis la paix de Campo-Formio, révolution et usurpation qui n'ont point été reconnues par Sa Majesté Sicilienne, ni par son auguste allié l'empereur et roi ; je demande donc que, sans le moindre délai, vous fassiez évacuer dans la république cisalpine les troupes françaises qui se trouvent dans les États romains, et que vous en fassiez autant de toutes les places qu'elles occupent. Les généraux commandant les diverses colonnes des troupes de Sa Majesté Sicilienne ont l'ordre le plus positif de ne point commencer les hostilités là où les troupes françaises se retireront sur ma signification, mais d'employer la force au cas où elles résisteraient.

» Je vous déclare, en outre, citoyen général, que je regarderai comme un acte d'hostilité que les troupes françaises mettent le pied sur le territoire du grand-duc de Toscane. J'attends votre réponse sans le moindre retard et vous prie de me renvoyer le major Reiscach, que je vous expédie, quatre heures après avoir reçu ma lettre. La réponse devra être positive et catégorique. Quant à la demande d'évacuer les États romains et de ne point mettre le pied dans le grand-duché de Toscane, une réponse négative sera considérée comme une déclaration de guerre de votre part, et Sa Majesté Sicilienne saura soutenir, l'épée à la main, les justes demandes que je vous adresse en son nom.

» J'ai l'honneur, etc. »

— C'est fait, mon général, dit le jeune officier.
— Le roi n'a point d'observations à faire? demanda Mack à Ferdinand.
— C'est vous qui signez, n'est-ce pas? dit le roi.
— Sans doute, sire.
— Eh bien, alors!...

Et il acheva le sens suspendu de sa phrase par un mouvement d'épaules qui voulait dire : « Faites comme vous l'entendrez. »

— D'ailleurs, dit Mack, c'est ainsi que nous autres, gens de nom et de race, devons parler à ces sans-culottes de républicains.

Et, prenant la plume des mains du major, il signa; puis, la lui rendant :

— Maintenant, dit-il, mettez l'adresse.
— Voulez-vous la dicter comme le reste de la lettre, monsieur? demanda le jeune officier.

— Comment! vous ne savez pas écrire une adresse à présent?

— Je ne sais si je dois dire *monsieur le général* ou *citoyen général.*

— Mettez *citoyen*, dit Mack ; pourquoi donner à ces gens-là un autre titre que celui qu'ils prennent?

Le jeune homme écrivit l'adresse, cacheta la lettre et se leva.

— Maintenant, monsieur, dit Mack, vous allez monter à cheval et porter cette lettre le plus rapidement possible au général français. Je lui donne, comme vous l'avez vu, quatre heures pour prendre une décision. Vous pouvez attendre sa décision pendant quatre heures, mais pas une minute de plus. Quant à nous, nous continuerons de marcher ; il est probable qu'à votre retour, vous nous trouverez entre Anagni et Valmonte.

Le jeune homme s'inclina devant le général, salua profondément le roi, et partit pour accomplir sa mission.

Aux avant-postes français, qu'il rencontra à Frosinone, il fut arrêté ; mais, lorsqu'il eut décliné ses titres au général Duhesme, qui dirigeait la retraite sur ce point, et montré la dépêche qu'il était chargé de remettre à Championnet, le général ordonna de le laisser passer. Cet obstacle franchi, le messager continua son chemin vers Rome, où il arriva le lendemain vers neuf heures et demie du matin.

A la porte San-Giovanni, il lui fut fait quelques nouvelles difficultés ; mais, sa dépêche exhibée, l'officier français qui avait la garde de cette porte, demanda au jeune major s'il connaissait Rome, et, sur sa réponse négative, il lui donna un soldat pour le conduire au palais du général.

Championnet venait de faire une promenade sur les remparts ou plutôt autour des remparts, avec son aide de camp Thiébaut, celui de tous ses officiers qu'il aimait le mieux après Salvato, et le général du génie Éblé, arrivé seulement depuis deux jours, lorsqu'à la porte du palais Corsini, il trouva un paysan qui l'attendait ; ce paysan, par son costume, semblait appartenir à l'ancienne province du Samnium.

Le général descendit de cheval et s'approcha de lui, comprenant à première vue que c'était à lui que cet homme avait affaire. Thiébaut voulut retenir Championnet, car les assassinats de Basseville et de Duphot étaient encore présents à sa mémoire ; mais le général écarta son aide de camp et s'avança vers le paysan.

— D'où viens-tu ? demanda-t-il.

— Du Midi, répondit le Samnite.

— As-tu un mot de reconnaissance ?

— J'en ai deux : *Napoli* et *Roma*.

— Ton message est-il verbal ou écrit ?

— Écrit.

Et il lui présenta une lettre.

— Toujours de la même personne ?

— Je ne sais pas.

— Y a t-il une réponse ?

— Non.

Championnet ouvrit la lettre ; elle avait cinq jours de date ; il lut :

« Le mieux se soutient ; le blessé s'est levé hier pour la première fois et a fait plusieurs tours dans sa chambre, appuyé au bras de sa *sœur de charité*. A moins d'imprudence grave, on peut répondre de sa vie. »

— Ah ! bravo ! s'écria Championnet.

Et, reportant les yeux sur la lettre, il continua :

« Un des nôtres a été trahi ; on croit qu'il est enfermé au fort Saint-Elme ; mais, s'il y a à craindre pour lui, il n'y a point à craindre pour nous : c'est un garçon de cœur qui se ferait plutôt hacher en morceaux que de rien dire.

» Le roi et l'armée sont, dit-on, partis hier de San-Germano ; l'armée se compose de 52,000 hommes, dont 30,000 marchent sous les ordres du roi ; 12,000, sous les ordres de Micheroux ; 10,000, sous les ordres de Damas, sans compter 8,000 qui partent de Gaete, conduits par le général Naselli, et escortés par Nelson et une partie de l'escadre anglaise, pour débarquer en Toscane.

» L'armée traîne avec elle un parc de cent canons et est abondamment pourvue de tout.

Liberté, égalité, fraternité.

» *P.-S.* — Le mot d'ordre du prochain messager sera *Saint-Ange et Saint-Elme.* »

Championnet chercha des yeux le paysan, il avait disparu; alors, passant la lettre au général Éblé en lui faisant signe de la tête d'entrer au palais :

— Tenez, Éblé, lui dit-il, lisez ceci; il y a, comme on dit chez nous, à boire et à manger.

Puis, à son aide de camp Thiébaut :

— Le principal, dit-il, est que notre ami Salvato Palmieri va de mieux en mieux : et celui qui m'écrit, et que je soupçonne fort d'être un médecin, me répond maintenant de sa vie. Au reste, ils me paraissent bien organisés là-bas, c'est la troisième lettre que je reçois par des messagers différents, qui, chaque fois, changent de mot d'ordre et n'attendent point la réponse.

Se tournant alors vers le général Éblé :

— Eh bien, Éblé, que dites-vous de cela? lui demanda-t-il.

— Je dis, répondit celui-ci en entrant le premier dans la grande salle que nous connaissons pour y avoir déjà vu Championnet discutant avec Macdonald sur la grandeur et la décadence des Romains, je dis que cinquante-deux mille hommes et cent pièces de canon, c'est un joli chiffre. Et vous, combien avez-vous de canons?

— Neuf.

— Et d'hommes?

— Onze ou douze mille, et encore le Directoire choisit-il justement ce moment-ci pour m'en demander trois mille afin de renforcer la garnison de Corfou.

— Mais, mon général, dit Thiébaut, il me semble que, dans les circonstances où nous nous trouvons et qu'ignore le Directoire, vous pouvez vous refuser à obéir à un pareil ordre.

— Peuh! fit Championnet. Ne croyez-vous pas, Éblé, que, dans une bonne position fortifiée par vous, neuf ou dix mille Français ne puissent pas tenir tête à cinquante-deux mille Napolitains, surtout commandés par le général baron Mack?

— Oh! général, dit en riant Éblé, je sais que rien ne vous est impossible; et, d'ailleurs, je les connais mieux que vous, les Napolitains.

— Et où avez-vous fait leur connaissance? Il y a un demi-siècle, Toulon excepté, et vous n'y étiez pas, que l'on n'a entendu leur canon.

— Lorsque je n'étais que lieutenant, répliqua Éblé, il y a douze ans de cela, j'ai été amené à Naples avec Augereau, qui n'était que sergent, et M. le colonel de Pommereuil, qui, lui, est resté colonel, par M. le baron de Salis.

— Et que diable veniez-vous faire à Naples?

— Nous venions, par ordre de la reine et de Sa Seigneurie sir John Acton, organiser l'armée à la française.

— C'est une mauvaise nouvelle que vous me donnez là, Éblé; si j'ai affaire à une armée organisée par vous et par Augereau, les choses n'iront pas si facilement que je le croyais. Le prince Eugène disait, en apprenant qu'on envoyait une armée contre lui, dans son incertitude du général qui la commandait : « Si c'est Villeroy, je le battrai; si c'est Beaufort, nous nous battrons; si c'est Catinat, il me battra. » Je pourrais bien en dire autant.

— Oh! tranquillisez-vous sur ce point! Je ne sais quelle querelle survint alors entre M. de Salis et la reine, mais le fait est qu'après un mois de séjour, nous avons été mis tous à la porte et remplacés par des instructeurs autrichiens.

— Mais vous êtes resté à Naples, avez-vous dit, un mois?

— Un mois ou six semaines, je ne me rappelle plus bien.

— Alors, je suis tranquille, et je comprends pourquoi le Directoire vous envoie à moi; vous n'aurez point perdu votre temps pendant ce mois-là.

— Non, j'ai étudié la ville et ses abords.

— Je n'ose encore dire que cela nous servira, mais qui sait?

— En attendant, Thiébaut, continua le général, comme l'ennemi peut être ici dans trois ou quatre jours, attendu qu'il n'entre pas dans mon plan de m'opposer à sa marche, donnez l'ordre que l'on tire le canon d'alarme au fort Saint-Ange, que l'on batte la générale par toute la ville, et que la garnison, sous les ordres du général Mathieu Maurice, se rassemble place du Peuple.

— J'y vais, mon général.

L'aide de camp sortit sans donner aucun signe d'étonnement et avec cette obéissance passive qui caractérise les officiers destinés à commander plus tard; mais il rentra presque aussitôt.

— Eh bien, qu'y a-t-il? demanda Championnet.

— Mon général, répondit le jeune homme, un aide de camp du général Mack arrive de San-Germano et demande à être introduit près de vous; il est porteur, dit-il, d'une dépêche importante.

— Qu'il entre, dit Championnet, qu'il entre! il ne faut jamais faire attendre nos amis et encore moins nos ennemis.

Le jeune homme entra; il avait entendu les dernières paroles du général, et, le sourire sur les lèvres, saluant avec beaucoup de grâce et de courtoisie, tandis que Thiébaut transmettait à l'officier de service les trois ordres que venait de lui donner Championnet :

— Vos amis se sont toujours trouvés bien et vos ennemis se sont souvent trouvés mal de l'application de cette maxime, général, dit-il; ne me traitez donc pas en ennemi.

Championnet s'avança au-devant de lui, et, lui tendant la main :

— Sous mon toit, monsieur, il n'y a plus d'ennemi, il n'y a que des hôtes, répliqua le général; soyez donc le bienvenu, dussiez-vous m'apporter la guerre dans un pan de votre manteau.

Le jeune homme salua de nouveau et remit au commandant en chef la dépêche de Mack.

— Si ce n'est point la guerre, dit-il, c'est au moins quelque chose qui y ressemble beaucoup.

Championnet décacheta la lettre, la lut sans qu'un

seul mouvement de son visage décelât l'impression qu'il en ressentait; quant au messager, sachant ce que contenait cette dépêche, puisque c'était lui qui l'avait écrite, mais n'en approuvant ni la forme ni le fond, il suivait avec anxiété les yeux du général passant d'une ligne à l'autre. Arrivé à la dernière ligne, Championnet sourit et mit la dépêche dans sa poche.

— Monsieur, dit-il s'adressant au jeune messager, l'honorable général Mack me dit que vous avez quatre heures à passer avec moi, je l'en remercie, et, je vous préviens que je ne vous fais pas grâce d'une minute.

Il tira sa montre.

— Il est dix heures un quart du matin; à deux heures un quart de l'après-midi, vous serez libre. Thiébaut, dit-il à son aide de camp, qui venait de rentrer après avoir transmis les ordres du général, faites mettre un couvert de plus, monsieur nous fait l'honneur de déjeuner avec nous.

— Général, balbutia le jeune officier étonné, plus qu'étonné, embarrassé de cette politesse à l'endroit d'un homme qui apportait une lettre si peu polie, je ne sais vraiment...

— Si vous devez accepter le déjeuner de pauvres diables manquant de tout, quand vous quittez une table royale somptueusement servie? dit Championnet en riant. Acceptez, major, acceptez. On ne meurt pas, fût-on Alcibiade en personne, pour avoir une fois par hasard mangé le brouet noir de Lycurgue.

— Général, répliqua l'aide de camp, laissez-moi alors vous remercier doublement de l'invitation et des conditions dans lesquelles elle est faite; peut-être vais-je partager le repas d'un Spartiate; mais un Français seul pouvait avoir la courtoisie de m'y faire asseoir.

— Général, dit Thiébaut en rentrant, le déjeuner est servi.

XLIX

LA DIPLOMATIE DU GÉNÉRAL CHAMPIONNET

Championnet invita le major Ulrich à passer le premier dans la salle à manger, et lui désigna sa place entre le général Éblé et lui.

Le déjeuner, sans être celui d'un Sybarite, n'était pas tout à fait celui d'un Spartiate : il tenait le milieu entre les deux ; grâce à la cave de Sa Sainteté Pie VI, les vins étaient ce qu'il y avait de mieux.

Au moment où l'on se mettait à table, un coup de canon retentit, puis un second, puis un troisième.

Le jeune homme tressaillit au premier coup, écouta le second, parut indifférent au troisième.

Il ne fit aucune question.

— Vous entendez, major? dit Championnet voyant que son hôte gardait le silence.

— Oui, j'entends, général ; mais j'avoue que je ne comprends pas.

— C'est le canon d'alarme.

Presque en même temps, la générale commença de battre.

— Et ce tambour? demanda en souriant l'officier autrichien.

— C'est la générale.

— Je m'en doutais!

— Dame, vous comprenez bien qu'après une lettre comme celle que le général Mack m'a fait l'honneur de m'écrire... Je présume que vous la connaissez, la lettre ?

— C'est moi qui l'ai écrite.

— Vous avez une fort belle écriture, major.

— Mais c'est le général Mack qui l'a dictée.

— Le général Mack a un fort beau style.

— Mais comment se fait-il... ? continua le jeune major entendant le canon qui continuait de tirer et la générale qui continuait de battre. Je ne vous ai entendu donner aucun ordre! vos tambours et vos canons m'ont-ils donc reconnu, ou sont-ils sorciers?

— Nos canons, surtout, auraient bon besoin de l'être, car vous savez ou vous ne savez pas que nous n'en avons que neuf; vous voyez que ce n'est pas trop pour répondre à votre parc d'artillerie de cent pièces. Une seconde côtelette, major?

— Volontiers, général.

— Non, mes canons ne tirent pas tout seuls et mes tambours ne battent pas d'eux-mêmes; j'avais déjà donné des ordres avant d'avoir eu l'honneur de vous voir.

— Alors, vous étiez prévenu de notre marche?

— Oh! j'ai un démon familier comme Socrate; je savais que le roi et le général Mack étaient partis, il y a six jours, c'est-à-dire lundi dernier, de San-Germano avec 30,000 hommes; Micheroux, d'Aquila, avec 12,000, et de Damas, de Sessa, avec 10,000; — sans compter le général Naselli et ses 8,000 hommes, qui, escortés par l'illustre amiral Nelson, doivent débarquer à cette heure à Livourne, afin de nous couper la retraite en Toscane. Oh! c'est un grand stratégiste que le général Mack, toute l'Europe sait cela; or, vous comprenez, comme je n'ai en tout que 12,000 hommes, dont le Directoire me prend 3,000 pour renforcer la garnison de Corfou... Et à propos, fit Championnet, Thiébaut, avez-vous donné l'ordre que ces 3,000 hommes se rendent à Ancône pour s'y embarquer?

— Non, mon général, répondit Thiebaut; car, sachant que nous n'avions, comme vous dites en effet, que 12,000 hommes en tout, j'ai hésité à diminuer encore vos forces de ces 3,000 hommes.

— Bon! dit en souriant avec sa sérénité ordinaire le général Championnet, vous avez oublié, Thiébaut, que les Spartiates n'étaient que trois cents : on est toujours assez pour mourir. Donnez l'ordre, mon cher Thiébaut, et qu'ils partent à l'instant même.

Thiébaut se leva et sortit.

— Prenez donc une aile de ce poulet, major, dit Championnet; vous ne mangez pas. Scipion, qui est à la fois mon intendant, mon valet de chambre et mon cuisinier, croira que vous trouvez sa cuisine mauvaise, et il en mourra de chagrin.

Le jeune homme, qui, en effet, s'était interrompu pour écouter le général, se remit à manger, mais évidemment troublé de cette grande sérénité de Championnet, qu'il commençait à prendre pour un piége.

— Éblé, continua le général, aussitôt après le déjeuner, et tandis que nous passerons avec le major de Riescach la revue de la garnison de Rome, vous prendrez les devants et vous vous tiendrez prêt à faire sauter le pont de Tivoli sur le Teverone et le pont de Borghetto sur le Tibre, dès que les troupes françaises auront traversé cette rivière et ce fleuve.

— Oui, général, répondit simplement Éblé.

Le jeune major regarda Championnet.

— Un verre de ce vin d'Albano, major, dit Championnet ; c'est de la cave de Sa Sainteté, et les amateurs l'ont trouvé bon.

— Alors, général, dit Riescach buvant son vin à petits coups, vous nous abandonnez Rome ?

— Vous êtes un homme de guerre trop expérimenté, mon cher major, répondit Championnet, pour ne pas savoir que l'on ne défend pas, en 1799, sous le citoyen Barras, une ville fortifiée en 274 par l'empereur Aurélien. Si le général Mack venait à moi, avec les flèches des Parthes, les frondes des Baléares, ou même avec ces fameux béliers d'Antoine qui avaient soixante et quinze pieds de long, je m'y risquerais ; mais, contre les cent pièces de canon du général Mack, ce serait une folie.

Thiébaut rentra.

— Vos ordres sont exécutés, général, dit-il.

Championnet le remercia d'un signe de tête.

— Cependant, continua le général Championnet, je n'abandonne pas Rome tout à fait; non, Thiébaut s'enfermera dans le château Saint-Ange avec cinq cents hommes; n'est-ce pas Thiébaut?

— Si vous l'ordonnez, mon général, certainement.

— Et sous aucun prétexte, vous ne vous rendrez.

— Sous aucun prétexte, vous pouvez être tranquille.

— Vous choisirez vous-même vos hommes; vous en trouverez bien cinq cents qui se feront tuer pour l'honneur de la France?

— Ce ne sera point difficile.

— D'ailleurs, nous partons aujourd'hui. Je vous demande pardon, major, de parler ainsi de toutes nos petites affaires devant vous; mais vous êtes du métier, vous savez ce que c'est. — Nous partons aujourd'hui. Je vous demande de tenir vingt jours seulement, Thiébaut; au bout de vingt jours, je serai de retour à Rome.

— Oh! ne vous gênez pas, mon général, prenez vingt jours, prenez-en vingt-cinq, prenez en trente.

— Je n'en ai besoin que de vingt, et même je vous engage ma parole d'honneur, Thiébaut, qu'avant vingt jours, je viens vous délivrer. — Éblé, continua le général, vous viendrez me rejoindre à Civita-Castellane : c'est là que je me concentrerai, la position est belle; cependant, il sera utile de faire quelques ouvrages avancés. — Vous m'excusez toujours, n'est-ce pas, mon cher major ?

— Général, je vous répéterai ce que vous disait tout à l'heure mon collègue Thiébaut, ne vous gênez pas pour moi.

— Vous le voyez, je suis de ces joueurs qui mettent cartes sur table ; vous avez soixante mille hommes, cents pièces de canon, des munitions à n'en savoir que faire ; j'ai moi, — à moins que Joubert ne m'envoie les trois mille hommes que je lui ai demandés, — neuf mille hommes, quinze mille coups de canon à tirer et deux millions de cartouches en tout. Avec une pareille infériorité, vous comprenez qu'il importe de prendre ses précautions.

Et, comme, en l'écoutant, le jeune homme laissait refroidir son café :

— Buvez votre café chaud, major, lui dit-il ; Scipion a un grand amour-propre pour son café, et il recommande toujours de le boire bouillant.

— Il est en effet excellent, dit le major.

— Alors, videz votre tasse, mon jeune ami ; car, si vous le voulez bien, nous allons monter à cheval pour aller passer la revue de la garnison, dans laquelle, du même coup, Thiébaut choisira ses cinq cents hommes.

Le major Riescach acheva son café jusqu'à la

dernière goutte, se leva et fit signe en s'inclinant qu'il était prêt.

Scipion s'avança.

— Il paraît que nous partons, mon général? demanda-t-il.

— Eh! oui, mon cher Scipion! tu le sais, dans notre diable de métier, on n'est jamais sûr de rien.

— Alors, mon général, il faut faire les malles, emballer les livres, serrer les cartes et les plans?

— Non pas; laisse chaque chose comme elle est, nous retrouverons tout cela à notre retour. — Mon cher major, continua Championnet en bouclant son sabre, je crois que le général Mack fera très-bien de loger dans ce palais; il y trouvera une bibliothèque et des cartes excellentes; vous lui recommanderez mes livres et mes plans, j'y tiens beaucoup; c'est, comme mon palais, un prêt que je lui fais et que je mets sous votre sauvegarde. La chose lui sera d'autant plus commode qu'en face de nous, comme vous voyez, s'élève l'immense palais Farnèse, où, selon toute probabilité, logera le roi. De fenêtre à fenêtre, Sa Majesté et son général en chef pourront télégraphier.

— Si le général habite ce palais, répondit le major, je puis vous répondre que tout ce qui vous aura appartenu, lui sera sacré.

— Scipion, dit le général, un uniforme de rechange et six chemises dans un portemanteau ; vous pouvez le faire boucler tout de suite derrière ma selle : la revue passée, nous nous mettons immédiatement en marche.

Cinq minutes après, les ordres de Championnet étaient exécutés, et quatre ou cinq chevaux attendaient leurs cavaliers à la porte du palais Corsini.

Le jeune major chercha des yeux le sien, mais inutilement ; le palefrenier du général lui présenta un beau cheval frais, avec des fontes garnies de leurs armes. Ulrich de Riescach interrogea du regard Championnet.

— Votre cheval était fatigué, monsieur, dit le général ; donnez-lui le temps de se reposer, on vous l'amènera plus frais à la place du Peuple.

Le major salua en signe de remercîment, et se mit en selle ; Éblé et Tiébaut en firent autant ; une petite escorte parmi laquelle brillait notre ancien ami le brigadier Martin, encore tout fier d'être venu en poste d'Itri à Rome, dans la voiture d'un ambassadeur, suivait à quelques pas le général ; Scipion, que les soins du ménage retenaient, devait rejoindre plus tard.

Le palais Corsini — où, soit dit en passant, mourut Christine de Suède — est situé sur la rive droite du

Tibre : en étendant la main, celui qui l'habite peut toucher, de l'autre côté de la via Lungara, la gracieuse bâtisse de la Farnesina, immortalisée par Raphaël. C'était du colossal palais Farnèse et du charmant bijou qui n'en est qu'une dépendance que Ferdinand avait fait venir tous ses chefs-d'œuvre de l'antiquité et du moyen âge dont nous lui avons vu faire au château de Caserte les honneurs au jeune banquier André Backer.

La petite troupe prit, en remontant, la rive droite du Tibre, la via Lungara ; le major Ulrich marchait d'un côté de Championnet ; le général Éblé, marchait de l'autre ; le colonel Thiébaut, un peu en arrière, servait de trait d'union entre le groupe principal et la petite escorte.

On fit quelques pas en silence ; puis Championnet prit la parole.

— Ce qu'il y a de merveilleux, dit-il, sur cette terre romaine, c'est que, quelque part que l'on mette le pied, on marche sur l'histoire antique ou sur celle du moyen âge. Tenez, ajouta-t-il en étendant la main dans la direction opposée au Tibre, là, au sommet de cette colline, est Saint-Onuphre, où mourut le Tasse. Il y mourut emporté par la fièvre, au moment où Clément VIII venait de l'appeler à Rome pour l'y faire couronner solennellement.

Dix ans après, le même Clément VIII, le seul homme que Sixte-Quint, disait-il, eût trouvé à Rome, faisait enfermer là, à notre droite, dans la prison Savella, la fameuse Beatrice Cenci; c'est dans cette prison, et la veille de sa mort, que Guido Reni fit le beau portrait d'elle que vous pourrez, dans quatre ou cinq jours, quand vous serez installés à Rome, aller voir au palais Colonna. Sur la rive du Tibre opposée au fort Saint-Ange, je vous montrerai les restes de la prison de Tordinone, où étaient enfermés ses frères. Elle fut, par une miséricorde particulière de Sa Sainteté, condamnée à avoir la tête tranchée seulement, tandis que son frère Jacques fut, avant d'être conduit à l'échafaud, au pied duquel il devait se rencontrer avec sa sœur, promené par toute la ville dans la même charrette que le bourreau, qui, pendant toute cette promenade, lui arrachait la chair de la poitrine avec des tenailles, et tout cela pour venger la mort d'un infâme qui avait tué deux de ses fils, violé sa fille, et qui n'échappait lui-même à la justice qu'en arrosant ses juges d'une pluie d'or? Un instant Clément VIII eut l'idée de faire grâce de la vie au moins à cette famille Cenci, dont le seul crime était d'avoir fait l'office du bourreau; mais, par malheur pour Béatrice, vers le même temps, le prince de Santa-Croce tua sa mère, espèce de Messaline qui déshonorait par ses amours avec des laquais le nom paternel ; le pape s'effraya de voir plus de moralité dans les enfants que dans les pères, plus de justice dans les assassins que dans les juges, et les têtes des deux frères, de la sœur et de la belle-mère tombèrent toutes quatre sur le même échafaud. Vous pouvez voir d'ici, par cette échappée, de l'autre côté du Tibre, la place où il était dressé. La tradition veut que Clément VIII ait assisté à l'exécution d'une fenêtre du château Saint-Ange, où il était venu par cette longue galerie couverte que vous voyez à notre gauche, et qui fut construite par Alexandre VI pour donner à son successeur, en cas de siége ou de révolution, la facilité de quitter le Vatican et de se réfugier au château Saint-Ange. Il l'utilisa lui-même plus d'une fois, à ce que l'on assure, pour visiter les cardinaux qu'il emprisonnait dans le tombeau d'Adrien et qu'il étranglait, selon la tradition des Caligula et des Néron, après leur avoir fait faire un testament en sa faveur.

— Vous êtes un admirable cicerone, général, et je regrette bien, au lieu de quatre heures, dont plus de deux sont malheureusement déjà écoulées, de n'avoir point quatre jours à passer avec vous.

— Quatre jours seraient trop peu pour ce merveilleux pays ; après quatre jours, vous demanderiez quatre mois; après quatre mois, quatre ans. La vie d'un homme tout entière ne suffirait pas à dresser la liste des souvenirs que renferme la ville si justement nommée la ville éternelle. Tenez, par exemple, voyez ces restes d'arches contre lesquelles se brise le fleuve, voyez ces vestiges qui se rattachent aux deux côtés de la rive : là était le pont Triomphal, là ont successivement passé, venant du temple de Mars, qui était situé où est aujoud'hui Saint-Pierre, Paul-Émile, vainqueur de Persée; Pompée, vainqueur de Tigrane, roi d'Arménie; d'Artocès, roi d'Ibérie; d'Orosès, roi d'Albanie; de Darius, roi de Médie; d'Areta, roi de Nabatée; d'Antiochus, roi de Comagène et des pirates. Il avait pris mille châteaux forts, neuf cents villes, huit cents vaisseaux, fondé ou repeuplé neuf villes; ce fut à la suite de ce triomphe qu'il bâtit, avec une portion de sa part de butin, ce beau temple à Minerve qui décorait la place des Septa-Julia, près de l'aqueduc de la Virgo, et sur le frontispice duquel il avait fait mettre en lettres de bronze cette inscription : « Pompée le Grand, imperator, après avoir terminé une guerre de trente ans, défait, mis en fuite, tué ou forcé à se rendre douze millions cent quatre-vingt mille hommes, coulé à fond ou pris huit cent quarante-six vaisseaux, reçu à composition mille cinq cent trente-huit villes ou châteaux, soumis tout le pays depuis le lac Mœris, jusqu'à la mer Rouge, acquitte le vœu qu'il a fait à Minerve. » Et, sur ce même pont, après lui, passèrent Jules César, Auguste, Tibère. Par bonheur, il est tombé, poursuivit avec un sourire mélancolique le général républicain, car nous aurions sans doute l'orgueil d'y passer, nous aussi, à notre tour : et que sommes-nous pour fouler les traces de pareils hommes?

Les réflexions qui assiégeaient la tête de Championnet, éteignirent la voix sur ses lèvres et il garda un silence que n'osa interrompre le jeune officier, depuis le pont Triomphal, qu'il laissait à sa droite, jusqu'au pont Saint-Ange, qu'il se mit à traverser pour passer sur la rive gauche du Tibre.

Au milieu du pont, cependant, au risque d'être indiscret :

— N'est-ce point le tombeau d'Adrien que nous laissons derrière nous? lui demanda le major.

Championnet regarda autour de lui comme s'il sortait d'un rêve.

— Oui, dit-il, et le pont sur lequel nous sommes fut sans doute bâti pour y conduire; Bernin l'a restauré et y a répandu ses coquetteries ordinaires. C'est dans ce monument que s'enfermera Thiébaut, et ce ne sera pas le premier siége qu'il aura soutenu.

Tenez, voici la place que vous avez entrevue de loin, où furent décapitées Béatrice et sa famille. En appuyant à gauche, nous pouvons marcher sur l'emplacement même du Tardinone; sur cette petite place où nous arrivons est l'auberge de *l'Ours,* avec son enseigne telle qu'elle était au temps où y logea Montaigne, ce grand sceptique qui prit pour devise ces trois mots : *Que sais-je?* C'était le dernier mot du génie humain après six mille ans; dans six mille ans viendra un autre sceptique qui dira : *Peut-être !*

— Et vous, général, demanda le major, que dites-vous?

— Je dis que c'est le dernier des gouvernements que celui, — regardez à votre gauche — que celui qui laisse se faire de pareils déserts, presque au cœur d'une ville. Tenez, tous ces marais qu'habite huit mois de l'année la mal'aria, ils sont au roi que vous servez; c'est l'héritage des Farnèse. Paul III ne se doutait pas, en léguant ces immenses terrains à son fils le duc de Parme, qu'il lui léguait la fièvre. Dites donc à votre roi Ferdinand qu'il serait non pas seulement d'un héritier pieux, mais d'un chrétien; de faire assainir et de cultiver ces champs, qui l'en récompenseraient par d'abondantes moissons. Un pont bâti ici, tenez, suffirait à un quartier nouveau; la ville enjamberait le fleuve, des maisons s'élèveraient dans tout cet espace vide du château Saint-Ange à la place du Peuple, et la vie en chasserait la mort; mais, pour cela, il faudrait un gouvernement qui s'occupât du bien-être de ses sujets; il faudrait ce grand bienfait que vous venez combattre, vous homme instruit et intelligent cependant; il faudrait la liberté. Elle viendra un jour, non pas temporaire et accidentelle comme celle que nous apportons, mais fille immortelle du progrès et du temps. Tenez, en attendant, c'est de la ruelle qui longe cette église, l'église Saint-Jérôme, qu'une nuit, vers deux heures du matin, sortirent quatre hommes à pied et un homme à cheval, l'homme à cheval portait, en travers de la croupe de sa monture, un cadavre dont les pieds pendaient d'un côté et la tête de l'autre.

» — Ne voyez-vous rien? demanda l'homme à cheval.

» Deux regardèrent du côté du château Saint-Ange, deux du côté de la place du Peuple.

» — Rien, dirent-ils.

» Alors, le cavalier s'avança jusqu'au bord de la rivière et, là, fit pivoter son cheval de manière que la croupe fût tournée du côté de l'eau. Deux hommes prirent le cadavre, un par la tête, l'autre par les pieds, le balancèrent trois fois, et, à la troisième, le lancèrent au fleuve.

» Au bruit que produisit le cadavre en tombant à l'eau :

» — C'est fait? demanda le cavalier.

» — Oui, monseigneur, répondirent les hommes.

» Le cavalier se retourna.

» — Et qui flotte ainsi sur l'eau? demanda-t-il.

» — Monseigneur, répondit un des hommes, c'est son manteau.

» Un autre ramassa des pierres, courut le long de la rive en suivant le courant du fleuve et en jetant des pierres dans ce manteau, jusqu'à ce qu'il eût disparu.

» — Tout va bien, dit alors le cavalier.

» Et il donna une bourse aux hommes, mit son cheval au galop et disparut.

» Le mort était le duc de Candie; le cavalier, c'était César Borgia. Jaloux de sa sœur Lucrèce, César Borgia venait de tuer son frère, le duc de Candie... Par bonheur, continua Championnet, nous voilà arrivés. Le hasard, mon cher, vengeur des rois et de la papauté, vous gardait cette histoire pour la dernière; ce n'était pas la moins curieuse, vous le voyez.

Et, en effet, le groupe que nous venons de suivre, depuis le palais Corsini jusqu'à l'extrémité de Ripetta, débouchait sur la place du Peuple, où était rangée en bataille la garnison de Rome.

Cette garnison se composait de trois mille hommes, à peu près : deux tiers français, une tiers polonais.

En apercevant le général, trois mille voix, par un élan spontané, crièrent :

— Vive la République !

Le général s'avança jusqu'au centre de la première ligne et fit signe qu'il voulait parler. Les cris cessèrent.

— Mes amis, dit le général, je suis forcé de quitter Rome ; mais je ne l'abandonne pas. J'y laisse le colonel Thiébaut ; il occupera le fort Saint-Ange avec cinq cents hommes ; j'ai engagé ma parole de venir le délivrer dans l'espace de vingt jours ; vous y engagez-vous avec moi ?

— Oui, oui, oui, crièrent trois mille voix.

— Sur l'honneur ? dit Championnet.

— Sur l'honneur ! répétèrent les trois mille voix.

— Maintenant, continua Championnet, choisissez parmi vous cinq cents hommes prêts à s'ensevelir sous les ruines du château Saint-Ange, plutôt que de se rendre.

— Tous, tous ! nous sommes prêts tous ! crièrent ceux à qui l'on faisait cet appel.

— Sergents, dit Championnet, sortez des rangs et choisissez quinze hommes par compagnie.

Au bout de dix minutes, quatre cent quatre-vingts hommes se trouvèrent tirés à part et réunis.

— Amis, leur dit Championnet, c'est vous qui garderez les drapeaux des deux régiments, et c'est nous qui viendrons les reprendre. Que les porte-drapeaux passent dans les rangs des hommes du fort Saint-Ange.

Les porte-drapeaux obéirent, aux cris frénétiques de « Vive Championnet! vive la République! »

— Colonel Thiébaut, continua Championnet, jurez et faites jurer à vos hommes que vous vous ferez tuer jusqu'au dernier, plutôt que de vous rendre.

Tous les bras s'étendirent, toutes les voix crièrent:

— Nous le jurons!

Championnet s'avança vers son aide de camp.

— Embrassez-moi, Thiébaut, lui dit-il; si j'avais un fils, c'est à lui que je donnerais la glorieuse mission que je vous confie.

Le général et son aide de camp s'embrassèrent au milieu des hourras, des cris et des vivats de la garnison.

Deux heures sonnèrent à l'église Sainte-Marie-du-Peuple.

— Major Riescach, dit Championnet au jeune messager, les quatre heures sont écoulées et, à mon grand regret, je n'ai plus le droit de vous retenir.

Le major regarda du côté de Ripetta.

— Attendez vous quelque chose, monsieur? lui demanda Championnet.

— Je suis monté sur un de vos chevaux, général.

— J'espère que vous me ferez l'honner de l'accepter, monsieur, en souvenir des moments trop courts que nous venons de passer ensemble.

— Ne pas accepter le cadeau que vous me faites, général, ou même hésiter à l'accepter, ce serait me montrer moins courtois que vous. Merci du plus profond de mon cœur.

Il s'inclina, la main sur la poitrine.

— Et, maintenant, que dois-je reporter au général Mack?

— Ce que vous avez vu et entendu, monsieur, et vous ajouterez ceci, que, le jour où j'ai quitté Paris et pris congé des membres du Directoire, le citoyen Barras m'a mis la main sur l'épaule et m'a dit : « Si la guerre éclate, en récompense de vos services, vous serez le premier des généraux républicains chargé par la République de détrôner un roi. »

— Et vous avez répondu?

— J'ai répondu : « Les intentions de la République seront remplies, j'y engage ma parole; » et, comme je n'ai jamais manqué à ma parole d'honneur, dites au roi Ferdinand de se bien tenir.

— Je le lui dirai, monsieur, répondit le jeune homme; car, avec un chef comme vous et des hommes comme ceux-là, tout est possible. Et maintenant, général, veuillez m'indiquer mon chemin.

— Brigadier Martin, dit Championnet, prenez quatre hommes et conduisez M. le major Ulrich de Riescach jusqu'à la porte San-Giovanni; vous nous rejoindrez sur la route de la Storta.

Les deux hommes se saluèrent une dernière fois; le major, guidé par le brigadier Martin et escorté par ses quatre dragons, s'enfonça au grand trot dans la via del Babuino. Le colonel Thiébaut et ses cinq cents hommes regagnèrent par Ripetta le château Saint-Ange, où ils se renfermèrent, et le reste de la garnison, Championnet et son état-major en tête, sortit de Rome, tambours battants, par la porte del Popolo.

L

FERDINAND A ROME

Comme l'avait prévu le général Mack, son envoyé le rejoignit un peu au-dessus de Valmontone.

Le général n'entendit rien de tout ce que lui raconta le major de Riescach, sinon que les Français avaient évacué Rome; il courut chez le roi et lui annonça que, sur sa sommation, les Français s'étaient mis immédiatement en retraite; que, par conséquent, le lendemain, il entrerait à Rome et, dans huit jours, serait en pleine possession des États romains.

Le roi ordonna de doubler l'étape, et, le même soir on vint coucher à Valmontone.

Le lendemain, on se remit en marche, on fit halte à Albano vers midi. De la colline, on planait sur Rome, et, au delà de Rome, la vue s'étendait jusqu'à Ostia. Mais il était impossible que l'armée entrât à Rome le même jour. Il fut convenu qu'elle partirait vers trois heures de l'après-midi, qu'elle camperait à moitié chemin, et que, le lendemain, à neuf heures du matin, le roi Ferdinand ferait son entrée solennelle par la porte San-Giovanni, et irait directement à San-Carlo entendre la messe d'actions de grâces.

En effet, à trois heures, on partit d'Albano, Mack à cheval et en tête de l'armée, le roi et le duc d'Ascoli dans une voiture escortée de tout l'état-major particulier de Sa Majesté; on laissa à gauche, au-dessous de la colline d'Albano, c'est-à-dire à l'endroit où eut lieu, mil huit cent cinquante ans auparavant, la querelle de Clodius et de Milon, la via Appia, dans laquelle on avait fait des fouilles et qui était abandonnée aux antiquaires, et l'on s'arrêta vers sept heures à deux lieues à peu près de Rome.

Le roi soupait sous une tente magnifique, divisée en trois compartiments, avec le général Mack et le duc d'Ascoli, le marquis Malaspina et les plus favorisés parmi la petite cour qui l'avait suivi, lorsqu'on vint lui annoncer les députés.

Ces députés se composaient de deux des cardinaux qui n'avaient point adhéré au gouvernement républicain, des autorités qui avaient été renversées par ce gouvernement et de quelques-uns de ces martyrs comme les réactions en voient toujours accourir au-devant d'elles.

Ils venaient prendre les ordres du roi pour la cérémonie du lendemain.

Le roi était radieux; lui aussi, comme les Paul-Émile, comme les Pompée, comme les Césars, dont Championnet, trois jours auparavant, parlait au major Riescach, lui aussi allait avoir son triomphe.

Il n'était donc point si difficile d'être un triomphateur que la chose lui avait paru d'abord.

Quel effet allait faire à Caserte, et surtout au Môle, au Marché-Vieux et à Marinella, le récit de ce triomphe, et comme ces bons lazzaroni allaient être fiers quand ils sauraient que leur roi avait triomphé!

Il avait donc vaincu, et sans tirer un seul coup de canon, cette terrible république française, jusque-là réputée invincible! Décidément, le général Mack, qui lui avait prédit tout cela, était un grand homme!

Il résolut, en conséquence, d'écrire le même soir à la reine et de lui expédier un courrier pour lui annoncer cette bonne nouvelle, et, toute chose arrêtée pour le lendemain, les députés congédiés après avoir eu l'honneur de baiser la main au roi, Sa Majesté prit la plume et écrivit :

« Ma chère maîtresse,

» Tout se succède au gré de nos désirs; en moins de cinq jours, je suis arrivé aux portes de Rome, où je fais demain mon entrée solennelle. Tout a fui devant nos armes victorieuses, et, demain soir, du palais Farnèse, j'écrirai au souverain pontife qu'il peut, si tel est son bon plaisir, venir célébrer avec nous à Rome la fête de la Nativité.

» Ah! si je pouvais transporter ici ma crèche et la lui faire voir!

» Le messager que je vous envoie pour vous porter ces bonnes nouvelles est mon courrier ordinaire Ferrari. Permettez-lui, pour sa récompense, de dîner avec mon pauvre Jupiter, qui doit bien s'ennuyer de moi. Répondez-moi par la même voie; rassurez-moi sur votre chère santé et sur celle de mes enfants bien-aimés, à qui, grâce à vous et à notre illustre général Mack, j'espère léguer un trône non-seulement prospère, mais glorieux.

» Les fatigues de la campagne n'ont pas été si grandes que je le craignais. Il est vrai que, jusqu'à présent, j'ai pu faire presque toutes les étapes en voiture et ne monter à cheval que pour mon agrément.

» Un seul point noir reste encore à l'horizon : en quittant Rome, le général républicain a laissé cinq cents hommes et un colonel au château Saint-Ange; dans quel but? Je ne m'en rends point parfaitement compte, mais je ne m'en inquiète pas autrement :

notre illustre ami le général Mack m'assurant qu'ils se rendront à la première sommation.

» Au revoir bientôt, ma chère maitresse, soit que vous veniez, pour que la fête soit complète, célébrer la Nativité avec nous à Rome, soit que, tout étant pacifié et Sa Sainteté étant rétablie sur son trône, je rentre glorieusement dans mes États.

» Recevez, chère maitresse et épouse, pour les partager avec mes enfants bien-aimés, les embrassements de votre tendre mari et père.

» **Ferdinand.** »

» P.-S. — J'espère qu'il n'est rien arrivé de fâcheux à mes kangourous et que je les retrouverai tout aussi bien portants que je les ai laissés. A propos, transmettez mes plus affectueux souvenirs à sir William et à lady Hamilton; quant au héros du Nil, il doit encore être à Livourne; où qu'il soit, faites-lui part de nos triomphes. »

Il y avait longtemps que Ferdinand n'avait écrit une si longue lettre; mais il était dans un moment d'enthousiasme, ce qui explique sa prolixité; il la relut, fut satisfait de sa rédaction, regretta de n'avoir pensé à sir William et à lady Hamilton qu'après avoir pensé à ses kangourous, mais ne jugea point que, pour cette petite faute de mémoire, ce fût la peine de recommencer une lettre si bien venue ; en conséquence, il la cacheta et fit appeler Ferrari, qui, complétement remis de sa chute, arriva, selon sa coutume, tout botté, et promit que la lettre serait remise entre les mains de la reine, avant le lendemain cinq heures du soir.

Après quoi, la table de jeu étant dressée, le roi se mit à faire son whist avec le duc d'Ascoli, le marquis Malaspina et le duc de Circello, gagna mille ducats, se coucha radieux et rêva qu'il faisait son entrée, non pas à Rome, mais à Paris, non pas dans la capitale des États romains, mais dans la capitale de la France, et que, son manteau royal porté par les cinq directeurs, il entrait dans les Tuileries, désertes depuis le 10 août, ayant une couronne de lauriers sur la tête, comme César, et tenant, comme Charlemagne, le globe d'une main et l'épée de l'autre !

Le jour vint dissiper les illusions de la nuit ; mais ce qui en restait suffisait pour satisfaire l'amour-propre d'un homme à qui l'idée d'être conquérant était venue à l'âge de cinquante ans.

Il n'entrait point encore à Paris, mais il entrait déjà à Rome.

L'entrée fut splendide ; le roi Ferdinand, à cheval

vêtu de son uniforme de feld-maréchald autrichien, couvert de broderies, portant à son cou et sur sa poitrine tous ses ordres personnels et tous ses ordres de famille, était attendu à la porte San-Giovanni, d'abord par l'ancien sénateur, qui, accompagné des magistrats du municipe, lui présenta à genoux les clefs de Rome sur un plat d'argent; autour des sénateurs et des magistrats du municipe étaient tous les cardinaux restés fidèles à Pie VI; de là, en suivant un itinéraire marqué d'avance par des jonchées de fleurs et de feuillages, le roi devait se rendre à l'église San-Carlo, où se chantait le *Te Deum*, et, de l'église San-Carlo, au palais Farnèse, situé, comme nous l'avons dit, de l'autre côté du Tibre, en face du palais Corsini, que venait de quitter Championnet.

Au moment où le roi prit les clefs de Rome, les chants éclatèrent. Cent jeunes filles habillées de blanc marchèrent en tête du cortége, portant des corbeilles de joncs dorés, pleines de feuilles de roses, qu'elles jetaient en l'air comme au jour de la Fête-Dieu. Les corbeilles vides étaient aussitôt remplacées par des corbeilles pleines, afin qu'il n'y eût point d'interruption dans la pluie odoriférante; et, comme derrière les jeunes filles marchaient à reculons de jeunes enfants de chœur, balançant des encensoirs, on avançait entre une double haie formée par la population de Rome et des environs, vêtue de ses habits de fête, au milieu d'une pluie de fleurs et d'une atmosphère embaumée.

Une admirable musique militaire — et celle de Naples est renommée entre toutes — jouait les airs les plus gais de Cimarosa, de Pergolèse et de Paesiello; puis venait, au milieu d'un grand espace vide, le roi seul, dans l'isolement emblématique de la majesté souveraine; derrière le roi marchait Mack et tout son état-major; puis, derrière Mack, une masse de trente mille hommes de troupes, vingt mille d'infanterie, dix mille de cavalerie, habillés à neuf, magnifiques d'aspect, s'avançant avec un ensemble remarquable, grâce aux nombreuses manœuvres faites dans les camps, et suivis de cinquante pièces d'artillerie nouvellement fondues, de leur caissons et de leurs fourgons nouvellement peints; tout cela resplendissant au soleil d'une de ces magnifiques journées de novembre que l'automne méridional fait luire entre un jour de brouillard et un jour de pluie, comme un dernier adieu à l'été, comme un premier salut à l'hiver.

Nous avons dit que l'itinéraire était tracé d'avance : on commença donc par traverser ce que l'on pourrait appeler le désert de Saint-Jean-de-Latran, les pelouses et les allées solitaires conduisant à Santa-Croce in-Gerusalemme et à Sainte-Marie-Majeure, et l'on s'avança directement vers la vieille basilique dont Henri IV fut le bienfaiteur et dont, en sa qualité de petit-fils de Henri IV, Ferdinand était chanoine. Sur les degrés de l'église, au bas desquels le roi fut reçu à cheval et encensé au milieu des chants de joie et des cantiques d'actions de grâces, était groupé tout le clergé latéranien. Les chants terminés, le roi descendit de cheval et, sur de magnifiques tapis, gagna à pied la *Scala santa*, cet escalier sacré, transporté de Jérusalem à Rome, qui faisait partie de la maison de Pilate, que Jésus se rendant au prétoire toucha de ses pieds nus et sanglants, et que les fidèles ne montent plus qu'à genoux.

Le roi en baisa la première marche, et, au moment où ses lèvres touchaient le marbre saint, la musique éclata en fanfares joyeuses, et cent mille voix firent entendre une immense acclamation.

Le roi demeura à genoux le temps de dire sa prière, se releva, se signa, monta à cheval, traversa la grande place de Saint-Jean, mesura des yeux le magnifique obélisque élevé à Thèbes par Thoutmasis II, respecté par Cambyse, qui renversa et mutila tous les autres, enlevé par Constantin et déterré dans le grand Cirque: suivit la longue rue de Saint-

Jean-de-Latran, toute bordée de monastères et qui descend en pente douce jusqu'au Colisée ; prit ce fameux quartier des Carènes où Pompée avait sa maison ; presqu'en ligne droite, gagna la place Trajane, dont la colonne était enterrée jusqu'au-dessus de sa base ; de là, par un angle droit, arriva au Corso, et, sur la place de Venise, qui, à l'autre extrémité de la même rue, fait pendant à la place du Peuple, descendit à la place Colonna, et enfin suivit le Corso jusqu'à la vaste église San-Carlo, y fut reçu par tout le clergé sous son gigantesque portail, descendit de cheval pour la seconde fois, entra dans l'église, et, sous le dais qui lui était préparé, entendit le *Te Deum*.

Puis, le *Te Deum* chanté, il sortit de l'église, remonta à cheval, et, toujours précédé, suivi, accompagné du même cortége, il continua de descendre le Corso jusqu'à la place du Peuple, longea le cours du Tibre, et, dans le sens inverse où l'avait longé Championnet pour sortir de Rome, prit la via della Scroffa, où est Saint-Louis-des-Français, la grande place Navone, le forum Agonal des Romains, et, de là, en quelques instants, par la façade du palais Braschi, opposée à celle où se trouve Pasquino, il gagna le Campo-dei-Fiori et le palais Farnèse, but de sa longue course, terme de son triomphe.

Tout l'état-major put entrer dans cette magnifique cour, chef-d'œuvre des trois plus grands architectes qui aient existé, San-Gallo, Vignole et Michel-Ange ; tandis qu'entre les deux fontaines qui ornent la façade du palais et qui coulent dans les plus larges coupes de granit que l'on connaisse, on mettait, autant pour l'honneur que pour la défense, quatre pièces de canon en batterie.

Un dîner de deux cents couverts était servi dans la grande galerie peinte par Annibal et Augustin Carrache, et leurs élèves. Les deux frères y travaillèrent huit ans et reçurent pour salaire cinq cents écus d'or, c'est-à-dire trois mille francs de notre monnaie.

Rome entière semblait s'être donné rendez-vous sur la place du palais Farnèse. Malgré les sentinelles, le peuple envahit la cour, l'escalier, les antichambres et pénétra jusqu'aux portes de la galerie ; les cris de « Vive le roi ! » poussés sans interruption, forcèrent trois fois Ferdinand à quitter la table et à se montrer à la fenêtre.

Aussi, fou de joie, se croyant le rival de ces héros dont, un instant, sur la voie sacrée, il avait foulé la trace, ne voulut-il point attendre au lendemain pour donner au pape Pie VI avis de son entrée à Rome, et, oubliant que, prisonnier des Français, il n'était pas tout à fait libre de ses actions, la tête échauffée par le vin et le cœur bondissant d'orgueil, il passa, aussitôt le café pris, dans un cabinet de travail, et lui écrivit la lettre suivante :

A Sa Sainteté le pape Pie VI, premier vicaire de Notre-Seigneur Jésus-Christ.

« Prince des apôtres, roi des rois,

» Votre Sainteté apprendra sans doute avec la plus grande satisfaction, qu'aidé de Notre-Seigneur Jésus-Christ et sous l'auguste protection du bienheureux saint Janvier, aujourd'hui même, avec mon armée, je suis entré sans résistance et en triomphateur dans la capitale du monde chrétien. Les Français ont fui, épouvantés à la vue de la croix et au simple éclat de mes armes. Votre Sainteté peut donc reprendre sa suprême et paternelle puissance, que je couvrirai de mon armée. Qu'elle abandonne donc sa trop modeste demeure de la Chartreuse, et que, sur les ailes des chérubins, comme notre sainte vierge de Lorette, elle vienne et descende au Vatican pour le purifier par sa présence sacrée. Votre Sainteté pourra célébrer à Saint-Pierre le divin office le jour de la naissance de Notre Sauveur. »

Le soir, le roi parcourut en voiture, au milieu des

cris de « Vive le roi Ferdinand ! vive Sa Sainteté Pie VI! » les principales rues de Rome et les places Navone, d'Espagne et de Venise; il s'arrêta un instant au théâtre Argentina, où l'on devait chanter une cantate en son honneur; puis, de là, pour voir Rome tout enflammée, il monta sur les plus hautes rampes du mont Pincio.

La ville était illuminée *a giorno*, depuis la porte San-Giovanni jusqu'au Vatican, et depuis la place du Peuple jusqu'à la pyramide de Cestus. Un seul monument, surmonté du drapeau tricolore et pareil à une protestation solennelle et menaçante de là France contre l'occupation de Rome, restait obscur au milieu de tous ces rayonnements, muet au milieu de toutes ces clameurs.

C'était le château Saint-Ange.

Sa masse sombre et silencieuse avait quelque chose de formidable et d'effrayant ; car le seul cri qui, de quart d'heure en quart d'heure, sortait de son silence était celui de « Sentinelles, prenez garde à vous! » Et la seule lumière que l'on vit luire dans les ténébres était la mèche allumée des artilleurs, debout près de leurs canons.

LI

LE FORT SAINT-ANGE PARLE

En passant place du Peuple, pour monter au Pincio, le roi avait pu voir cette intéressante partie de la population, composée de femmes et d'enfants, danser autour d'un bûcher qui s'élevait au milieu de la place; à la vue du prince, les danseurs s'arrêtèrent pour crier à tue-tête : « Vive le roi Ferdinand! vive Pie VI! »

Le roi s'arrêta de son côté, demanda ce que faisaient là ces braves gens et quel était ce feu auquel ils se chauffaient.

On lui répondit que ce feu était celui d'un bûcher fait avec l'arbre de la Liberté planté, dix-huit mois auparavant, par les consuls de la république romaine.

Ce dévouement aux bons principes toucha Ferdinand, qui, tirant de sa poche une poignée de monnaie de toute espèce, la jeta au milieu de la foule en criant :

— Bravo! mes amis! amusez-vous!

Les femmes et les enfants se ruèrent sur les carlins, les ducats et les piastres du roi Ferdinand; il en résulta une effroyable mêlée dans laquelle les femmes battaient les enfants, les enfants égratignaient les femmes; il y eut, en somme, force cris, beaucoup de pleurs et peu de mal.

Place Navone, il vit un second bûcher.

Il fit la même question et reçut la même réponse.

Le roi fouilla, non plus dans sa poche, mais dans celle du duc d'Ascoli, y prit une seconde poignée de monnaie, et, comme, cette fois, il y avait mélange d'hommes et de femmes, il la jeta aux danseurs et aux danseuses.

Cette fois, nous l'avons dit, il n'y avait pas que des femmes et des enfants, il y avait des hommes; le sexe fort se crut sur l'argent des droits plus positifs que le sexe faible; les amants et les maris des femmes battues tirèrent leurs couteaux; un des danseurs fut blessé et porté à l'hôpital.

Place Colonna, même événement eut lieu; seulement, cette fois, il se termina à la gloire de la morale publique; au moment où les couteaux allaient entrer en jeu, un citoyen passa, son chapeau rabattu sur les yeux et enveloppé d'un grand manteau; un chien aboya contre lui, un enfant cria au jacobin; les cris de l'enfant et les aboiements du chien attirèrent l'attention des combattants, qui, sans écouter les observations du citoyen au manteau dissimulateur et au chapeau rabattu, le poussèrent dans le bûcher, où il périt misérablement au milieu des hurlements de joie de la populace.

Tout à coup, un des brûleurs fut éclairé d'une idée lumineuse : ces arbres de la Liberté que l'on abattait et dont on faisait du charbon et de la cendre, n'avaient pas poussé là tout seuls; on les y avait plantés; ceux qui les y avait plantés étaient plus coupables que les pauvres arbres qui s'étaient laissé planter à contre-cœur peut-être; il s'agissait donc de faire une fois par hasard une justice équitable et de s'en prendre aux planteurs et non aux arbres.

Or, qui les avait plantés ?

C'étaient, comme nous l'avons dit à propos de la place du Peuple, les deux consuls de la république romaine, MM. Mattei, de Valmontone, et Zaccalone, de Piperno.

Ces deux noms, depuis un an, étaient bénis et révérés de la population, à laquelle ces deux magistrats, véritables libéraux, avaient consacré leur temps, leur intelligence et leur fortune; mais le peuple, au jour de la réaction, pardonne plus facilement à celui qui l'a persécuté qu'à celui qui s'est dévoué pour lui, et, d'ordinaire, ses premiers défenseurs deviennent ses premiers martyrs. « Les révolutions sont comme Saturne, a dit Vergniaud, elles dévorent leurs enfants. »

Un homme que Zaccalone avait forcé d'envoyer à l'école son fils, jeune Romain jaloux de la liberté individuelle, émit donc la proposition de réserver un des arbres de la Liberté pour y pendre les deux consuls. La proposition fut naturellement adoptée à l'unanimité; il ne s'agissait, pour la mettre à exécution, que de réserver un arbre à titre de potence et de mettre la main sur les deux consuls.

On pensa au peuplier de la place de la Rotonde, qui n'était pas encore abattu, et, comme justement les deux magistrats demeuraient, l'un via della Maddalena, l'autre via Pie-di-Marmo, on regarda ce voisinage comme un hasard providentiel.

On courut droit à leurs maisons; mais, heureusement, les deux magistrats avaient sans doute des idées exactes sur la somme de reconnaissance que l'on doit attendre des peuples à la délivrance desquels on a contribué : tous deux avaient quitté Rome.

Mais un ferblantier, dont la boutique attenait à la maison de Mattei, et à qui Mattei avait prêté deux cents écus pour l'empêcher de faire faillite, et un marchand d'herbes à qui Zaccalone avait envoyé son propre médecin pour soigner sa femme d'une fièvre pernicieuse, déclarèrent qu'ils avaient des notions à peu près certaines sur l'endroit où s'étaient réfugiés les deux coupables, et offrirent de les livrer.

L'offre fut reçue avec enthousiasme, et, pour n'avoir point fait une course inutile, la foule commença de piller les maisons des deux absents et d'en jeter les meubles par les fenêtres.

Parmi les meubles, il y avait chez chacun d'eux une magnifique pendule de bronze doré, l'une représentant le sacrifice d'Abrahan, et l'autre Agar et Ismaël perdus dans le désert, portant chacune cette inscription qui prouvait qu'elle venait de la même source :

Aux Consuls de la république romaine, les israélites reconnaissants!

Et, en effet, les deux consuls avaient fait rendre un décret par lequel les juifs redevenaient des hommes comme les autres et participaient aux droits de citoyen.

Cela fit penser aux malheureux juifs, auxquels on ne pensait point, et auxquels on n'eût probablement pas pensé s'ils n'eussent point eu le tort d'être reconnaissants.

Le cri « Au Ghetto ! au Ghetto ! » retentit, et l'on se précipita vers ce quartier des juifs.

Lors de la proclamation du décret par lequel la république romaine les faisait remonter au rang de citoyens, les malheureux juifs s'étaient empressés d'enlever les barrières qui les séparaient du reste de la société et s'étaient répandus dans la ville, où quelques-uns s'étaient empressés de louer des appartements et d'ouvrir des magasins ; mais, aussitôt le départ de Championnet, se sentant abandonnés et sans protecteurs, ils s'étaient de nouveau réfugiés dans leurs quartiers, dont à la hâte ils avaient rétabli les portes et les barrières, non plus pour se séparer du monde, mais pour opposer un obstacle à leurs ennemis.

Il y eut donc, non point résistance volontaire à la foule, mais opposition matérielle à son envahissement.

Alors, cette même foule, toujours féconde en moyens expéditifs et ingénieux, eut l'idée, non point d'enfoncer les portes et les barrières du Ghetto, mais de jeter par-dessus son enceinte des brandons allumés au bûcher voisin.

Les brandons se succédèrent avec rapidité ; puis les perfectionneurs — il y en a partout — les enduisirent de poix et de térébenthine. Bientôt le Ghetto présenta l'aspect d'une ville bombardée, et, au bout d'une demi-heure, les assiégeants eurent la satisfaction de voir en plusieurs endroits des flammes qui dénonçaient cinq ou six incendies.

Au bout d'une heure de siége, le Ghetto était tout en feu.

Alors, les portes s'ouvrirent d'elles-mêmes, et, avec des cris de terreur, toute cette malheureuse population, surprise au milieu de son sommeil, hommes, femmes, enfants à demi nus, se précipitèrent par les portes comme un torrent qui brise ses digues, et se répandirent, ou plutôt essayèrent de se répandre par la ville.

C'était là que la populace l'attendait, chacun mit la main sur son juif et s'en fit un cruel amusement; le répertoire tout entier des tortures fut épuisé sur ces malheureux : les uns furent forcés de marcher pieds nus sur des charbons ardents en portant un porc entre leurs bras; les autres furent pendus par-dessous les aisselles, entre deux chiens pendus eux-mêmes par les pattes de derrière et qui, enragés de douleur et de colère, les criblaient de morsures; un autre enfin, dépouillé de ses vêtements jusqu'à la ceinture avec un chat attaché sur le dos, fut promené par la ville, battu de verges comme le Christ; seulement, les verges frappaient à la fois l'homme et l'animal, et, de ses dents et de ses griffes, l'animal déchirait l'homme ; enfin d'autres, plus heureux, furent jetés au Tibre et noyés purement et simplement.

Ces amusements durèrent non-seulement pendant toute la nuit, mais encore pendant les journées du lendemain et du surlendemain, et se présentèrent sous tant d'aspects différents, que le roi finit par demander quels étaient les hommes que l'on martyrisait ainsi.

Il lui fut répondu que c'étaient des juifs qui avaient eu l'imprudence de se considérer, après le décret de la République, comme des hommes ordinaires, et qui, en conséquence, avaient logé des chrétiens chez eux, avaient acheté des propriétés, étaient sortis du Ghetto, s'étaient installés dans la ville, avaient vendu des livres, s'étaient fait soigner par des médecins catholiques et avaient enterré leurs morts aux flambeaux.

Le roi Ferdinand eut peine à croire à tant d'abominations ; mais enfin, on lui mit sous les yeux le décret de la République qui rendait aux juifs leurs droits de citoyens : il fut bien obligé d'y croire.

Il demanda quels étaient les hommes assez abandonnés de Dieu pour avoir fait rendre un pareil décret, et on lui nomma les consuls Mattei et Zaccalone.

— Mais voilà les hommes qu'il faudrait punir, plutôt que ceux qu'ils ont émancipés, s'écria le roi conservant son gros bons sens jusque dans ses préjugés.

On lui répondit que l'on y avait déjà songé, que l'on était à la recherche des coupables et que deux citoyens s'étaient chargés de les livrer.

— C'est bien, dit le roi; s'ils les livrent, il y aura cinq cents ducats pour chacun d'eux, et les deux consuls seront pendus.

Le bruit de la libéralité du roi se répandit et doubla l'enthousiasme; la foule se demanda ce qu'elle pouvait offrir à un roi si bon et qui secondait si bien ses désirs; on délibéra sur ce point important, et l'on résolut, puisque le roi se chargeait de faire pendre les consuls par un vrai bourreau et par de vraies potences, d'abattre le dernier arbre de la Liberté qu'on avait conservé à cette intention, et d'en faire des bûches, pour que le roi eût la satisfaction de se chauffer avec du bois révolutionnaire.

En conséquence, on lui en apporta toute une charretée qu'il paya généreusement mille ducats.

L'idée lui parut si heureuse, qu'il mit les deux

plus grosses bûches à part et qu'il les envoya à la reine avec la lettre suivante :

« Ma chère épouse,

» Vous savez mon heureuse entrée à Rome, sans que j'aie rencontré le moindre obstacle sur ma route; les Français se sont évanouis comme une fumée. Restent bien les cinq cents jacobins du fort Saint-Ange; mais ceux-là se tiennent si tranquilles, que je crois qu'ils ne demandent qu'une chose, c'est de se faire oublier.

» Mack part demain avec vingt-cinq mille hommes pour combattre les Français; il ralliera en route le corps d'armée de Micheroux, ce qui lui fera trente-huit ou quarante mille soldats, et ne présentera le combat aux Français qu'avec la chance sûre de les écraser.

» Nous sommes ici en fêtes continuelles. Croirez-vous que ces misérables jacobins avaient émancipé les juifs! Depuis trois jours, le peuple romain leur donne la chasse dans les rues de Rome, ni plus ni moins que je la donne à mes daims dans la forêt de Persano et à mes sangliers dans les bois d'Asproni; mais on me promet mieux encore que cela : il paraît que l'on est sur la trace des deux consuls de la sci-disant république romaine. J'ai mis la tête de chacun d'eux à prix à cinq cents ducats. Je crois qu'il est d'un bon exemple qu'ils soient pendus, et, si on les pend, je ménage à la garnison du château Saint-Ange la surprise d'assister à leur exécution.

» Je vous envoie, pour brûler à votre nuit de Noël, deux grosses bûches tirées de l'arbre de la Liberté de la place de la Rotonde; chauffez-vous bien, vous et tous les enfants, et pensez en vous chauffant à votre époux et à votre père, qui vous aime.

» Je rends demain un édit pour remettre un peu de bon ordre parmi tous ces juifs, les faire rentrer dans leur Ghetto et les sommettre à une sage discipline. Je vous enverrai copie de cet édit aussitôt qu'il sera rendu.

» Annoncez à Naples les faveurs dont me comble la bonté divine; faites chanter un *Te Deum* par notre archevêque Capece Zurlo, que je suppose fort d'être entaché de jacobinisme; ce sera sa punition; ordonnez des fêtes publiques et invitez Vanni à presser l'affaire de ce damné Nicolino Caracciolo.

» Je vous tiendrai au courant des succès de notre illustre général Mack au fur et à mesure que je les apprendrai moi-même.

» Conservez-vous en bonne santé et croyez en l'affection sincère et éternelle de votre écolier et époux.

» Ferdinand B.

» P.-S. — Présentez bien mes respects à Mesdames. Pour être un peu ridicules, ces bonnes princesses n'en sont pas moins les augustes filles du roi Louis XV. Vous pourriez autoriser Airola à faire une petite paye à ces sept Corses qui leur ont servi de gardes du corps et qui leur sont recommandés par le comte de Narbonne, lequel a été, je crois, un des derniers ministres de votre chère sœur Marie-Antoinette ; cela leur ferait plaisir et ne nous engagerait à rien. »

Le lendemain, en effet, Ferdinand, comme il l'écrivait à Caroline, rendait ce décret qui n'était que la remise en vigueur de l'édit aboli par la *soi-disant* république romaine.

Notre conscience d'historien ne nous permet point de changer une syllabe à ce décret ; c'est, au reste, la loi encore en vigueur à Rome aujourd'hui :

« ARTICLE PREMIER. Aucun israélite résidant soit à Rome, soit dans les États romains, ne pourra plus loger ni nourrir de chrétiens, ni recevoir de chrétiens à son service, sous peine d'être puni d'après les décrets pontificaux.

» ART. 2. Tous les israélites de Rome et des États pontificaux devront vendre, dans le délai de trois mois, leurs biens meubles et immeubles ; autrement, il seront vendus à l'encan.

» ART. 3. Aucun israélite ne pourra demeurer à

Rome, ni dans quelque ville que ce soit des États pontificaux, sans l'autorisation du gouvernement; en cas de contravention, les coupables seront ramenés dans leurs ghetti respectifs.

» Art. 4. Aucun israélite ne pourra passer la nuit loin de son ghetto.

» Art. 5. Aucun israélite ne pourra entretenir de relations d'amitié avec un chrétien.

» Art. 6. Les israélites ne pourront faire le commerce des ornements sacrés, ni de quelque livre que ce soit, sous peine de cent écus d'amende et de sept ans de prison.

» Art. 7. Tout médecin catholique, appelé par un juif, devra d'abord le convertir; si le malade s'y refuse, il l'abandonnera sans secours; en agissant contre cet arrêt, le médecin s'exposera à toute la rigueur du saint-office.

» Art. 8 et dernier. Les israélites, en donnant la sépulture à leurs morts, ne pourront faire aucune cérémonie et ne pourront se servir de flambeaux, sous peine de confiscation.

» La présente mesure sera communiquée aux ghetti et publiée dans les synagogues. »

Le lendemain du jour où ce décret fut rendu et affiché, le général Mack prit congé du roi, laissant cinq mille hommes à la garde de Rome, et sortit par la porte du Peuple, dans le but, comme l'avait écrit Ferdinand à son auguste épouse, de poursuivre Championnet et de le combattre partout où il le rencontrerait.

Au moment même où son arrière-garde se mettait en marche, un cortége, qui ne manquait pas de caractère, entrait à Rome par l'extrémité opposée, c'est-à-dire par la porte San-Giovanni.

Quatre gendarmes napolitains à cheval, portant à leurs schakos la cocarde rouge et blanche, précédaient deux hommes liés l'un à l'autre par le bras; ces deux hommes étaient coiffés de bonnets de coton blanc et étaient vêtus de ces houppelandes de couleur incertaine comme en portent les malades dans les hôpitaux; ils étaient montés à poil nu sur deux ânes, et chaque âne était conduit par un homme du peuple qui, armé d'un gros bâton, menaçait et insultait les prisonniers.

Ces prisonniers étaient les deux consuls de la république romaine, Mattei et Zaccalone, et les deux hommes du peuple qui conduisaient les ânes sur lesquels ils étaient montés, étaient le ferblantier et le fruitier qui avaient promis de les livrer.

Ils tenaient parole, comme on le voit.

Les deux malheureux fugitifs, croyant être en sûreté dans un hôpital que Mattei avait fondé à Valmontone, sa ville natale, s'y étaient refugiés, et, pour mieux s'y cacher, avaient revêtu l'uniforme des malades. Dénoncés par un infirmier qui devait sa place à Mattei, ils y avaient été pris, et on les amenait à Rome pour qu'ils subissent leur jugement.

A peine eurent-ils franchi la porte San-Giovanni et eurent-ils été reconnus, que la foule, avec cet instinct fatal qui la porte à détruire ce qu'elle a élevé et à honnir ce qu'elle a glorifié, commença par insulter les prisonniers, par leur jeter de la boue, puis des pierres, puis cria : « A mort! » puis essaya de mettre ses menaces à exécution ; il fallut que les quatre gendarmes napolitains expliquassent bien catégoriquement à toute cette multitude qu'on ne ramenait les consuls à Rome que pour les pendre, et que cette opération s'exécuterait le lendemain sous les yeux du roi Ferdinand, par la main du bourreau, place Saint-Ange, lieu ordinaire des exécutions, et cela, à la plus grande honte de la garnison française. Cette promesse calma la foule, qui, ne voulant pas être désagréable au roi Ferdinand, consentit à attendre jusqu'au lendemain, mais se dédommagea de ce retard en huant les deux consuls et en continuant de leur jeter de la boue et des pierres.

Eux, comme des hommes résignés, attendaient, muets, tristes, mais calmes, n'essayant ni de hâter ni d'éloigner la mort, comprenant que tout était fini pour eux et que, s'ils échappaient aux griffes du lion populaire, c'était pour tomber dans celles du tigre royal.

Ils courbaient donc la tête et attendaient.

Un poëte de circonstance — ces poëtes-là ne manquent jamais, ni aux triomphes ni aux chutes, — avait improvisé les quatres vers suivants, qu'il avait immédiatement distribués et que la populace chantait sur un air improvisé comme la poésie :

Largo, o romano populo! all'asinino ingresso,
Qual fecero non Cesare, non Scipione istesso.
Di questo democratico e augusto onore e degno
Chi rese un di da console d'impi tiranni il regno (1).

Ce que nous essayerons, nous, de traduire ainsi dans notre humble prose :

« Place, ô peuple romain! à l'entrée asinaire que ne firent ni César ni Scipion lui-même. De cet auguste et démocratique honneur était digne celui qui gouverna un jour, comme consul, le royaume des tyrans impies. »

---

(1) L'auteur a sous les yeux, au moment où il écrit ces lignes, une gravure du temps qui représente l'entrée de ces malheureux; inutile de dire que, dans les quatre ou cinq derniers chapitres, on ne s'est pas un seul instant éloigné de l'histoire.

Les prisonniers traversèrent ainsi les trois quarts de Rome et furent conduits aux Carcere-Nuove, où immédiatement ils furent mis en chapelle.

Une multitude immense s'attroupa à la porte de la prison, et, pour qu'elle ne l'enfonçât point, il fallut lui promettre que, le lendemain, à midi, l'exécution aurait lieu sur la place du château Saint-Ange, et que, pour preuve de cette promesse, elle pourrait, dès le lendemain, au point du jour, voir le bourreau et ses aides dresser l'échafaud.

Deux heures après, des placards, affichés par toute la ville, annonçaient l'exécution pour le lendemain à midi.

Cette promesse fit passer une bonne nuit aux Romains.

Selon l'engagement pris, dès sept heures du matin, l'échafaud se dressait sur la place du château Saint-Ange, juste en face de la via Papale, entre l'arc de Gratien et Valentinien et le Tibre.

C'était, comme nous l'avons dit, le lieu ordinaire des exécutions, et, pour plus de commodité dans ces fêtes funèbres, la maison du bourreau s'élevait à quelques pas de là en retour sur le quai, en face de l'emplacement de l'ancienne prison Tordinone.

Elle y demeura jusqu'en 1848, époque à laquelle elle fut démolie, lorsque Rome proclama la république qui devait durer moins longtemps encore que celle de 1798.

En même temps que les charpentiers de la mort bâtissaient l'échafaud et dressaient les potences, au milieu des lazzi du peuple, qui trouve toujours de l'esprit à dépenser pour ces sortes d'occasions, on ornait un balcon de riches draperies, et ce travail avait le privilége de partager, avec celui de l'échafaud, l'attention de la multitude; en effet, le balcon, c'était la loge d'où le roi devait assister au spectacle.

Un immense concours de peuple arrivait des deux extrémités opposées de Rome par la rive gauche du Tibre, venant de la place du Peuple et du Transtevère, tandis que, par la grande rue Papale et par toutes les petites rues adjacentes, les autres régions dégorgeaient leurs populations sur la place Saint-Ange, qui se trouva bientôt encombrée de telle façon, qu'il fallut mettre une garde autour de l'échafaud pour que les charpentiers pussent continuer leur travail.

Seule, la rive droite, où est bâti le tombeau d'Adrien, était déserte; le terrible château, qui est à Rome ce que la Bastille était à Paris et ce que le fort Saint-Elme est à Naples, quoique muet et paraissant inhabité, inspirait une assez grande terreur pour que personne ne s'aventurât sur le pont qui y conduit et ne risquât de passer au pied de ses murailles. En effet, le drapeau tricolore qui le dominait semblait dire à toute cette populace, ivre de sanglantes orgies : « Prends garde à ce que tu fais, la France est là ! »

Mais, comme pas un soldat français ne paraissait sur les murailles, comme les ouvertures de la forteresse étaient fermées avec soin, on s'habitua peu à peu à cette menace silencieuse, comme des enfants s'habituent à la présence d'un lion endormi.

A onze heures, on fit sortir les deux condamnés de leur prison, on les fit remonter sur leurs ânes ; on leur mit une corde au cou, et les deux aides du bourreau prirent chacun un bout de la corde, tandis que le bourreau lui-même marchait devant ; ils étaient accompagnés par cette confrérie de pénitents qui assistaient les patients sur l'échafaud, et suivis d'une immense affluence de peuple ; ils furent ainsi, toujours vêtus de leur costume d'hôpital, conduits à l'église San-Giovanni, devant la façade de laquelle on les fit descendre de leurs ânes, et, sur ses degrés, pieds nus et à genoux, ils firent amende honorable.

Le roi, se rendant du palais Farnèse à la place de l'exécution, passa par la via Julia au moment où les aides du bourreau forçaient les deux condamnés, en les tirant par leurs cordes, de se mettre à genoux. Autrefois, en pareille circonstance, la présence royale était le salut du condamné ; tout était changé : aujourd'hui, au contraire, la présence royale assurait leur exécution.

La foule s'ouvrit pour laisser passer le roi ; il jeta de côté un regard inquiet au château Saint-Ange, laissa échapper un geste d'impatience à la vue du drapeau français, descendit de voiture au milieu des acclamations du peuple, parut au balcon et salua la multitude.

Un moment après, de grands cris annoncèrent l'approche des prisonniers.

Ils étaient précédés et suivis d'un détachement de gendarmes napolitains à cheval, lesquels, se joignant à ceux qui attendaient déjà sur la place, refoulèrent le peuple et firent une place libre où pussent opérer tranquillement le bourreau et ses aides.

Le mutisme et la solitude du château Saint-Ange avaient rassuré tout le monde, et l'on ne pensait même plus à lui. Quelques Romains, plus braves que les autres, s'approchèrent jusqu'au pont désert et insultèrent même la forteresse, à la manière dont les Napolitains insultent le Vésuve ; ce qui fit beaucoup rire le roi Ferdinand en lui rappelant ses bons lazzaroni du Môle, et en lui prouvant que les Romains avaient presque autant d'esprit qu'eux.

A midi moins cinq minutes, le cortége funèbre déboucha sur la petite place; les condamnés paraissaient brisés de fatigue, mais tranquilles et résignés.

Au pied de l'échafaud, on les fit descendre de leurs ânes; après quoi, on leur détacha la corde du cou et l'on alla attacher cette même corde à la potence. Les pénitents serrèrent de plus près les deux patients, les exhortant à la mort et leur faisant baiser le crucifix.

Mattei, en le baisant, dit :

— O Christ! tu sais que je meurs innocent, et, comme toi, pour le salut et la liberté des hommes.

Zaccalone dit :

— O Christ! tu m'es témoin que je pardonne à ce peuple comme tu as pardonné à tes bourreaux.

Les spectateurs les plus rapprochés des patients entendirent ces paroles, et quelques huées les accueillirent.

Puis une voix forte se fit entendre, qui dit :

— Priez pour les âmes de ceux qui vont mourir.

C'était la voix du chef des pénitents.

Chacun se mit à genoux pour dire un *Ave Maria,*

même le roi sur son balcon, même le bourreau et ses aides sur l'échafaud.

Il y eut un moment de silence solennel et profond.

En ce moment, un coup de canon retentit; l'échafaud, brisé, s'écroula sous le bourreau et ses aides; la porte du château Saint-Ange s'ouvrit, et cent grenadiers, précédés d'un tambour battant la charge, traversèrent le pont au pas de course, et, au milieu du cri de terreur de la multitude, du sauve-qui-peut des gendarmes, de l'étonnement et de l'effroi de tous, s'emparèrent des deux condamnés, qu'ils entraînèrent au château Saint-Ange, dont la porte se referma sur eux avant que peuple, bourreaux, pénitents, gendarmes et le roi lui-même fussent revenus de leur stupeur.

Le château Saint-Ange n'avait dit qu'un mot; mais, comme on le voit, il avait été bien dit et avait produit son effet.

Force fut aux Romains de se passer de pendaison ce jour-là et de se rejeter sur les juifs.

Le roi Ferdinand rentra au palais Farnèse de très-mauvaise humeur; c'était le premier échec qu'il éprouvait depuis son entrée en campagne, et, malheureusement pour lui, ce ne devait point être le dernier.

LII

OU NANNO REPARAIT

La lettre adressée par le roi Ferdinand à la reine Caroline avait produit l'effet qu'il en attendait. La nouvelle du triomphe des armées royales s'était répandue, avec la rapidité de l'éclair, de Mergellina au pont de la Madeleine, et de la chartreuse Saint-Martin au Môle; puis, de Naples, elle avait été envoyée, par les moyens les plus expéditifs, dans tout le reste du royaume : des courriers étaient partis pour la Calabre, et des bâtiments légers pour les îles Lipariotes et la Sicile, et, en attendant que messagers et *scorridori* arrivassent à leur destination, les recommandations du vainqueur avaient été suivies : les cloches des trois cents églises de Naples, lancées à toute volée, annonçaient les *Te Deum,* et les salves de canon, parties de tous les forts, hurlaient de leur côté, avec leur voix de bronze, les louanges du Dieu des armées.

Le son des cloches et le bruit du canon retentissaient donc dans toutes les maisons de Naples, et, selon les opinions de ceux qui les habitaient, y éveillaient ou la joie ou le dépit; en effet, tous ceux qui appartenaient au parti libéral voyaient avec peine le triomphe de Ferdinand sur les Français, attendu que ce n'était point le triomphe d'un peuple sur un autre peuple, mais celui d'un principe sur un autre principe. Or, l'idée française représentait, aux yeux des libéraux de Naples, l'humanité, l'amour du bien public, le progrès, la lumière, la liberté, tandis que l'idée napolitaine, aux yeux de ces mêmes libéraux, représentait la barbarie, l'égoïsme, l'immobilité, l'obscurantisme et la tyrannie.

Ceux-là, se sentant vaincus moralement, s'étaient renfermés dans leurs maisons, comprenant qu'il n'y avait aucune sécurité pour eux à se montrer en public, se rappelant la mort terrible du duc della Torre et de son frère, et déplorant non-seulement pour Rome, où il allait rétablir le pouvoir pontifical, mais encore pour Naples, où il allait consolider le despotisme, le triomphe du roi Ferdinand, c'est-à-dire celui des idées rétrogrades sur les idées révolutionnaires.

Quant aux absolutistes, — et le nombre en était grand à Naples, car ce nombre se composait de tout ce qui appartenait à la cour ou qui vivait ou dépendait d'elle, et du peuple tout entier : pêcheurs, portefaix, lazzaroni, — ces hommes étaient dans la plus effervescente jubilation. Ils couraient par les rues en criant : « Vive Ferdinand IV! vive Pie VI! Mort aux Français! mort aux jacobins! » Et, au milieu de ceux-là, criant plus fort que tous les autres, était frère Pacifique, ramenant au couvent son âne Jacobin, près de succomber sous la charge de ses deux paniers débordant de provisions de toute espèce et brayant de toutes ses forces à l'instar de son maître, lequel, dans ses plaisanteries peu attiques, prétendait que son compagnon de quête déplorait la défaite de ses congénères les jacobins.

Ces plaisanteries faisaient beaucoup rire les lazzaroni, qui ne sont pas difficiles sur le choix de leurs sarcasmes.

Si éloignée du centre de la ville que fût la maison du Palmier, ou plutôt celle de la duchesse Fusco qui y attenait, le bruit des cloches et le retentissement du canon y avaient pénétré et avaient fait tressaillir Salvato, comme tressaille un cheval de guerre au son de la trompette.

Ainsi que l'avait appris le général Championnet par le dernier billet anonyme qu'il avait reçu et qui, comme on s'en doute bien, était du digne docteur Cirillo, le blessé, sans être complétement guéri, allait beaucoup mieux. Après s'être levé de son lit, sur la permission du docteur, aidé de Luisa et de sa femme de chambre, pour s'étendre sur un fauteuil, il s'était levé de son fauteuil, et, appuyé sur le bras de Luisa, avait fait quelques tours dans la chambre. Enfin, un jour qu'en l'absence de sa maîtresse, Giovannina lui avait offert de l'aider à accomplir une de ces promenades, il l'avait remerciée, mais avait refusé, et, seul, il avait répété cette promenade circonscrite qu'il faisait au bras de la San-Felice. Giovannina, sans rien dire, s'était alors retirée dans sa chambre et avait longuement pleuré. Il était évident que Salvato répugnait à recevoir, de la femme de chambre, les soins qui le rendaient si heureux venant de sa maîtresse, et, quoiqu'elle comprît très-bien qu'entre sa maîtresse et elle, il n'y avait point, pour un homme distingué, d'hésitation possible, elle n'en avait pas moins éprouvé une de ces douleurs profondes sur lesquelles le raisonnement ne peut rien, ou plutôt que le raisonnement rend plus amères encore.

Quand elle vit, à travers la porte vitrée, passer sa maîtresse, se rendant, après le départ du chevalier, légère comme un oiseau, à la chambre du malade, ses dents se serrèrent, elle poussa un gémissement qui ressemblait à une menace, et, de même qu'avec cet entraînement sensuel des femmes du Midi vers la perfection physique, elle avait aimé le beau jeune homme sans le vouloir, elle se trouvait haïr sa maîtresse instinctivement et en quelque sorte malgré elle.

— Oh! murmura-t-elle, il guérira un jour ou l'autre; le jour où il sera guéri, il s'en ira, et c'est elle qui souffrira à son tour.

Et, à cette mauvaise pensée, le rire revint sur ses lèvres et les larmes se séchèrent dans ses yeux.

Chaque fois que le docteur Cirillo venait, — et ses visites étaient de plus en plus rares, — Giovannina suivait sur son visage l'expression de joie que lui donnait l'amélioration toujours croissante de la santé du blessé, et, à chaque visite, elle désirait et craignait à la fois que le docteur n'annonçât la fin de sa convalescence.

La veille du jour où retentirent à la fois le bruit des cloches et celui du canon, le docteur Cirillo vint, et, avec un sourire rayonnant, après avoir écouté la respiration de Salvato, après avoir frappé plusieurs fois sur sa poitrine et reconnu que le son perdait peu à peu de sa matité, il avait dit ces paroles, qui avaient à la fois retenti dans deux cœurs, et même dans trois:

— Allons, allons, dans dix ou douze jours, notre malade pourra monter à cheval et aller porter lui-même de ses nouvelles au général Championnet.

Giovannina avait remarqué qu'à ces paroles, deux grosses larmes avaient monté aux paupières de Luisa, qui ne les avait retenues qu'avec effort et que le jeune homme était devenu fort pâle. Quant à elle, elle avait ressenti plus vif que jamais ce double sentiment de joie et de douleur, qu'elle avait déjà plus d'une fois éprouvé.

Sous prétexte de reconduire Cirillo, Luisa l'avait suivi lorsqu'il s'était retiré; Giovannina, de son côté, les avait suivis des yeux jusqu'à ce qu'ils eussent disparu; puis elle était allée à la fenêtre, son observatoire habituel. Cinq minutes après, elle avait vu le docteur sortir du jardin, et, comme la jeune femme ne rentrait pas immédiatement dans la chambre du blessé :

— Ah! dit-elle, elle pleure!

Au bout de dix minutes, Luisa rentra; Giovannina remarqua ses yeux rougis, malgré l'eau dont elle venait de les imbiber, et elle murmura :

— Elle a pleuré!

Salvato n'avait pas pleuré, lui; les larmes semblaient inconnues à cette figure de bronze; seulement, lorsque la San-Felice était sortie, sa tête était tombée sur sa main, et il était devenu aussi immobile et probablement aussi indifférent à tout ce qui l'entourait que s'il eût été changé en statue ; c'était, au reste, l'état qui lui était habituel quand Luisa n'était point près de lui.

A sa rentrée, et même avant qu'elle fût rentrée, c'est-à-dire au bruit de ses pas, il leva la tête et sourit ; de sorte que, cette fois comme toujours, la première chose que vit la jeune femme en rentrant dans la chambre, ce fut le sourire de l'homme qu'elle aimait.

Le sourire est le soleil de l'âme, et son moindre rayon suffit à sécher cette rosée du cœur qu'on appelle les larmes.

Luisa alla droit au jeune homme, lui tendit les deux mains, et, répondant à son tour par un sourire :

— Oh! que je suis heureuse, lui dit-elle, que vous soyez tout à fait hors de danger !

Le lendemain, Luisa était près de Salvato, lorsque, vers une heure de l'après-midi, commencèrent les volées des cloches, et les salves d'artillerie ; la reine n'avait reçu la dépêche de son auguste époux qu'à onze heures du matin, et il avait fallu deux heures pour donner les ordres nécessaires à cette joyeuse manifestation.

Salvato, à ce double bruit, tressaillit, comme nous l'avons dit, sur son fauteuil ; il se dressa sur ses pieds, les sourcils froncés et les narines ouvertes, comme s'il sentait déjà la poudre, non pas des réjouissances publiques, mais des champs de bataille, et il demanda, en regardant tour à tour Luisa et la jeune femme de chambre :

— Qu'est-ce que cela?

Les deux femmes firent en même temps un geste analogue qui signifiait qu'elles ne pouvaient répondre à la question de Salvato.

— Va t'informer, Giovannina, dit la San-Felice; c'est probablement quelque fête que nous avons oubliée.

Giovannina sortit.

— Quelque fête? demanda Salvato interrogeant Luisa du regard.

— Quel jour sommes-nous aujourd'hui? demanda la jeune femme.

— Oh! dit Salvato en souriant, il y a longtemps que je ne compte plus les jours.

Et il ajouta avec un soupir :

— Je vais commencer d'aujourd'hui.

Luisa étendit la main vers un calendrier.

— En effet, dit-elle toute joyeuse, nous sommes au dimanche de l'Avent.

— Est-ce l'habitude à Naples, dit Salvato, de tirer le canon pour célébrer la venue de Notre-Seigneur? Si c'était Natale, ce serait encore possible.

Giovannina rentra.

— Eh bien? lui demanda la San-Felice.

— Madame, répondit Giovannina, Michele est là.

— Que dit-il?

— Oh! de singulières choses, madame! il dit... Mais, continua-t-elle, mieux vaut que ce soit à madame qu'il dise cela; madame fera, des nouvelles de Michele, ce qu'elle voudra.

— Je reviens, mon ami, dit la San-Felice à Salvato; je vais voir moi-même ce que dit notre fou.

Salvato répondit par un signe de tête et un sourire, Luisa sortit à son tour.

Giovannina s'attendait aux questions du jeune homme; mais lui, la San-Felice sortie, ferma les yeux et retomba dans son immobilité et son mutisme habituels. N'étant point interrogée, si grande que fût peut-être l'envie qu'elle en eût, Giovannina n'osa parler.

Luisa trouva son frère de lait l'attendant dans la salle à manger; il avait le visage triomphant, était vêtu de ses habits de fête, et de son chapeau tombait un flot de rubans.

— Victoire! s'écria-t-il en apercevant Luisa, victoire, la petite sœur! notre grand roi Ferdinand est entré à Rome, le général Mack est victorieux sur tous les points, les Français sont exterminés, ou brûle les juifs et l'on pend les jacobins. *Evviva la Madonna!...* Eh bien, qu'as-tu donc ?

Cette question était provoquée par la pâleur de Luisa, à qui les forces manquaient à cette nouvelle et qui se laissait aller sur une chaise.

En effet, elle comprenait une chose : c'est que, les Français vainqueurs, Salvato pouvait rester près d'elle et même les attendre à Naples, mais que, les Français vaincus, Salvato devait tout quitter, même elle, pour aller partager les revers de ses frères d'armes.

— Mais je te demande ce que tu as ? dit Michele.

— Rien, mon ami ; mais cette nouvelle si étonnante et si inattendue... En es-tu sûr, Michele ?

— Mais tu n'entends donc pas les cloches ? mais tu n'entends donc pas le canon ?

— Si fait, je les entends.

Et elle murmura à demi-voix :

— Et lui aussi, par malheur !

— Tiens, dit Michele, si tu en doutes, voici le chevalier San-Felice qui va te le confirmer ; il est de la cour, lui, il doit savoir les nouvelles.

— Mon mari ! s'écria Luisa ; mais ce n'est point son heure !

Et elle tourna vivement la tête du côté du jardin.

15.

En effet, c'était le chevalier qui rentrait une heure plus tôt que de coutume. Il était évident que, pour qu'un tel dérangement se produisît chez lui, il fallait qu'un grand événement fût arrivé.

— Vite! vite! Michele, s'écria Luisa, va dans la chambre du blessé; mais pas un mot de ce que tu viens de me dire, et veille à ce que, de son côté, Giovannina se taise; tu comprends?

— Oui, je comprends que cela lui ferait de la peine, pauvre garçon! mais, s'il m'interroge sur les cloches et le canon...?

— Tu diras que c'est à propos de la fête de l'Avent. Va.

Michele disparut dans le corridor, dont Luisa referma la porte derrière lui. Il était temps, la tête du chevalier paraissait au moment même au-dessus du perron.

Luisa s'élança au-devant de lui, le sourire sur les lèvres, mais le cœur palpitant.

— Ah! par ma foi! dit celui-ci en entrant, voilà une nouvelle à laquelle je ne m'attendais guère : le roi Ferdinand, un héros! Jugez donc sur les apparences. Les Français en retraite! Rome abandonnée par le général Championnet! et, par malheur, des meurtres, des exécutions, comme si la Victoire ne savait pas rester pure. Ce n'est point ainsi que la comprenaient les Grecs; ils l'appelaient *Nicé*, la faisaient fille de la Force et de la Valeur, et la mettaient avec Thémis, à la suite de Jupiter. Il est vrai que les Romains ne lui donnaient pas une balance pour attribut, à moins que ce ne fût pour peser l'or des vaincus. *Væ victis!* disaient-ils; et, moi, je dirai : *Væ victoribus!* toutes les fois que les vainqueurs joindront les échafauds et les potences à leurs trophées d'armes. J'aurais été un mauvais conquérant, ma pauvre Luisa, et j'aime mieux entrer dans ma maison qui me sourit que dans une ville qui pleure.

— Mais c'est donc bien vrai, ce que l'on dit, mon ami? demanda Luisa hésitant encore à croire.

— Officiel, ma chère Luisa ; je tiens la nouvelle de la bouche même de Son Altesse le duc de Calabre, et il m'a renvoyé bien vite m'habiller, parce qu'à cette occasion il donne un dîner.

— Où vous allez? s'écria la San-Felice avec plus d'empressement qu'elle n'eût voulu.

— Oh ! mon Dieu, où je suis obligé d'aller, répondit le chevalier : un dîner de savants; il s'agit de faire des inscriptions latines et de trouver des allégories pour le retour du roi. On va lui faire des fêtes magnifiques, mon enfant, auxquelles il te sera bien difficile, soit dit en passant, de te dispenser d'aller, tu comprends. Lorsque le prince est venu m'annoncer cette nouvelle à la bibliothèque, j'étais si loin de m'y attendre, que j'ai failli tomber de mon échelle; ce qui n'eût point été poli, car c'était la preuve que je doutais furieusement du génie militaire de son père. Enfin me voilà, ma pauvre chère, si troublé, que je ne sais pas même si j'ai refermé la porte du jardin derrière moi. Tu vas m'aider à m'habiller, n'est-ce pas? Donne-moi, toi, tout ce qu'il me faut pour faire une petite toilette de cour... Dîner académique! Comme je vais m'ennuyer avec tous ces écosseurs de grec et tous ces bluteurs de latin! Je reviendrai le plus tôt que je pourrai; mais le plus tôt que je pourrai, ce ne sera pas avant dix ou onze heures du soir, Dieu! vont-ils me trouver bête, et vais-je les trouver pédants! Allons viens, ma petite Luisa, viens! il est deux heures, et le dîner est pour trois. Mais que regardes-tu donc?

Et le chevalier fit un mouvement pour voir ce qui attirait les regards de sa femme du côté du jardin.

— Rien, mon ami, rien, dit Luisa en poussant son mari du côté de sa chambre à coucher; tu as raison, il faut te hâter, ou tu ne seras pas prêt.

Ce qui attirait les yeux de Luisa et ce qu'elle craignait que ne vît son mari, c'était la porte du jardin qu'en effet le chevalier avait oublié de fermer, qui s'ouvrait lentement et qui donnait passage à la sorcière Nanno, que personne n'avait revue depuis qu'elle avait quitté la maison après avoir donné les premiers soins au blessé et avoir passé la nuit près de lui. Elle s'avança de son pas sibyllin. Elle monta les marches du perron, apparut à la porte de la salle à manger, et, comme si elle eût su n'y trouver que Luisa, y entra sans hésitation, la traversa lentement et sans que l'on entendît le bruit de ses pas; puis, sans s'arrêter à parler à Luisa, qui la regardait pâle et tremblante, comme si elle eût suivi des yeux un fantôme, disparut dans le corridor qui conduisait chez Salvato, en mettant un doigt sur sa bouche en signe de silence.

Luisa essuya avec son mouchoir la sueur qui perlait sur son front, et, pour échapper plus sûrement à cette apparition qu'elle regardait comme fantastique, elle se jeta dans la chambre de son mari et en tira la porte derrière elle.

LIII

ACHILLE CHEZ DÉIDAMIE

Il n'avait point été difficile à Michele de suivre les instructions que lui avait données Luisa; car, excepté un signe amical que lui avait fait le jeune officier, il ne lui avait point adressé la parole.

Michele et Giovannina s'étaient alors retirés dans l'embrasure d'une fenêtre et s'y étaient livrés à une conversation animée, mais à voix basse; le lazzarone achevait d'éclairer Giovannina sur les événements dont il avait eu à peine le temps de lui dire quelques mots et qui, elle le sentait instinctivement, allaient avoir une grande influence sur les destinées de Salvato et de Luisa, et, par conséquent, sur la sienne.

Quant à Salvato, quoiqu'il ne pût connaître ces événements dans leurs détails, il se doutait bien, d'après les signes d'allégresse auxquels se livrait Naples, qu'il venait d'arriver quelque chose d'heureux pour les Napolitains, et de malheureux pour les Français; mais il lui semblait, si Luisa voulait lui cacher cet événement, qu'il y avait quelque chose d'indélicat à questionner des étrangers et surtout des domestiques et des inférieurs sur ce sujet ; s'il y avait secret, il tâcherait de l'apprendre de la bouche de celle qu'il aimait.

Au milieu de la conversation de Nina et de Michele, au milieu de la rêverie du jeune officier, la porte cria ; mais, comme Salvato n'avait pas reconnu le pas de la San-Felice, il ne rouvrit pas même ses yeux qu'il tenait fermés.

Le lazzarone et la camériste, qui n'avaient pas la même raison que Salvato de s'absorber dans leurs propres pensées, tournèrent leurs yeux vers la porte et poussèrent un cri d'étonnement.

C'était Nanno qui venait d'entrer.

Au cri poussé par Nina et Michele, Salvato se retourna à son tour et, quoiqu'il ne l'eût vue qu'à travers les nuages d'un demi-évanouissement, il reconnut aussitôt la sorcière et lui tendit la main.

— Bonjour, mère ! lui dit-il ; je te remercie d'être venue voir ton malade ; j'avais peur d'être forcé de quitter Naples sans avoir pu te remercier.

Nanno secoua la tête.

— Ce n'est point mon malade que je viens voir, dit-elle, car mon malade n'a plus besoin de ma science ; ce ne sont point des remercîments que je viens chercher, car, n'ayant fait que le devoir d'une femme de la montagne qui connait la vertu des plantes, je n'ai point de remerciments à recevoir ; non, je viens dire au blessé dont la cicatrice est fermée : écoute un récit de nos anciens jours que, depuis trois mille ans, les mères redisent à leurs fils, quand elles craignent de les voir s'endormir dans un lâche repos au moment où la patrie est en danger.

L'œil du jeune homme étincela, car quelque chose lui disait que cette femme était en communication avec sa pensée.

La sorcière appuya sa main gauche au dossier du fauteuil de Salvato, couvrit de sa main droite la moitié de son front et ses yeux, et parut un instant chercher au fond de sa mémoire quelque légende longtemps oubliée.

Michele et Giovannina, ignorant ce qu'ils allaient entendre, regardaient Nanno avec étonnement, presque avec effroi. Salvato la dévorait des yeux ; car, nous l'avons dit, il devinait que la parole qui allait sortir de sa bouche, illuminerait comme un éclair d'orage ce qu'il y avait d'obscur encore dans les pressentiments qu'avaient éveillés en lui les premières volées des cloches et les premières salves d'artillerie.

Nanno releva la mante sur son front et du même

mouvement rabattit entre ses épaules le capuchon qui encadrait sa tête et avec une lente et traînante accentuation qui n'était ni la parole, ni le chant, elle commença la légende suivante :

*

« Voici ce que les aigles de la Troïade ont raconté aux vautours de l'Albanie :

» Du temps que la vie des dieux se mêlait à celle des hommes, il y eut une union entre une déesse de la mer nommée Thétys et un roi de Thessalie nommé Pélée.

*

» Neptune et Jupiter avaient voulu l'épouser ; mais, ayant appris qu'il naîtrait d'elle un fils qui serait plus grand que son père, ils la cédèrent au fils d'Éaque.

*

» Thétys eut de son époux plusieurs enfants, qu'elle jeta les uns après les autres au feu, pour éprouver s'ils étaient mortels ; tous périrent les uns après les autres.

*

» Enfin elle en eut un que l'on appela Achille ; sa mère allait le jeter au feu comme les autres, lorsque Pélée le lui arracha des mains et obtint d'elle qu'au lieu de le tuer, elle le trempât dans le Styx ; ce qui le rendrait non point immortel, mais invulnérable.

» Thétys obtint de Pluton de descendre une fois, mais une seule fois, aux Enfers, pour tremper son fils dans le Styx ; elle s'agenouilla au bord du fleuve, prit l'enfant par le talon et l'y trempa en effet.

*

» De sorte que l'enfant fut invulnérable sur toutes les parties de son corps, excepté au talon par lequel sa mère l'avait pris ; ce qui fit qu'elle consulta l'oracle.

*

» L'oracle lui répondit que son fils acquerrait une gloire immortelle au siége d'une grande ville, mais qu'au milieu de son triomphe il trouverait la mort.

*

» Alors, sous le nom de Pyrrha, sa mère le conduisit à la cour du roi de Scyros, et, sous des habits de femme, le mêla aux filles du roi. L'enfant atteignit l'âge de quinze ans, ignorant qu'il fût un homme...»

Mais, lorsque l'Albanaise fut arrivée là de son récit ;

— Je connais ton histoire, Nanno, lui dit le jeune officier en l'interrompant ; tu me fais l'honneur de me comparer à Achille, et tu compares Luisa à Déidamie ; mais, sois tranquille, tu n'auras pas même besoin, comme Ulysse, de me montrer une épée pour me rappeler que je suis un homme. On se bat, n'est-ce pas? continua le jeune officier l'œil étincelant; et ces décharges d'artillerie annoncent quelque victoire des Napolitains sur les Français. Où se bat-on?

— Ces cloches et ces décharges d'artillerie annoncent, répondit Nanno, que le roi Ferdinand est entré à Rome et que les massacres ont commencé.

— Merci, dit Salvato en lui saisissant la main; mais quel intérêt as-tu à venir me donner cet avis, toi, Calabraise, toi, sujette du roi Ferdinand?

Nanno se redressa de toute la hauteur de sa grande taille.

— Je ne suis point Calabraise, dit-elle; je suis une fille de l'Albanie, et les Albanais ont fui leur patrie pour n'être les sujets de personne; ils n'obéissent et n'obéiront jamais qu'aux descendants du grand Scanderberg. Tout peuple qui se lève au nom de la liberté est son frère, et Nanno prie la Panagie pour les Français, qui viennent au nom de la liberté.

— C'est bien, dit Salvato, dont la résolution était prise.

Puis, s'adressant à Michele et à Nina, qui, silencieux, regardaient cette scène:

— Luisa connaissait-elle ces nouvelles, lorsque je lui ai demandé quel était le bruit que nous entendions?

— Non, répondit Giovannina.

— C'est moi qui les lui ai apprises, ajouta Michele.

— Et que fait-elle? demanda le jeune homme. Pourquoi n'est-elle point ici?

— Le chevalier, à cause de tous ces événements, est rentré plus tôt que de coutume, dit Michele, et sans doute ma sœur ne peut le quitter.

— Tant mieux, dit Salvato; nous aurons le temps de tout préparer.

— Mon Dieu! monsieur Salvato, s'écria Giovannina, pensez-vous donc à nous quitter?

— Je pars ce soir, Nina.

— Et votre blessure?

— Nanno ne t'a-t-elle pas dit qu'elle était guérie?

— Mais le docteur a dit qu'il fallait encore dix jours.

— Le docteur a dit cela hier; mais il ne le dirait pas aujourd'hui.

Puis, se tournant vers le jeune lazzarone:

— Michel, mon ami, tu es disposé à me rendre service, n'est-ce pas?

— Ah! monsieur Salvato, vous savez que j'aime tout ce qu'aime Luisa!

Giovannina tressaillit.

— Tu crois donc qu'elle m'aime, mon brave garçon? demanda vivement Salvato sortant de sa réserve habituelle.

— Demandez à Giovannina! dit le lazzarone.

Salvato se tourna vers la jeune fille; mais celle-ci ne lui donna pas le temps de l'interroger.

— Les secrets de ma maîtresse ne sont point les miens, dit-elle en devenant très-pâle; et, d'ailleurs, voici madame qui m'appelle.

En effet, le nom de Nina retentissait dans le corridor.

Nina s'élança vers la porte et sortit.

Salvato la suivit des yeux avec un étonnement mêlé d'une certaine inquiétude; puis, comme si ce n'était pas le moment de s'arrêter aux soupçons qui lui passaient par l'esprit:

— Viens ici, Michel, dit-il; il y a une centaine de louis dans cette bourse : il me faut pour ce soir, à neuf heures, un cheval, mais, tu entends? un de ces chevaux du pays, un de ces chevaux de fatigue qui font vingt lieues d'une traite.

— Vous aurez cela, monsieur Salvato.

— Un habit complet de paysan.

— Vous aurez cela.

— Et, ma foi, Michele, ajouta le jeune homme en riant, le plus beau sabre que tu pourras trouver; choisis-le à ton goût et à ta main, attendu que ce sera ton sabre de colonel.

— Ah! monsieur Salvato, s'écria Michele radieux,

comment! vous vous rappelez votre promesse?

— Il est trois heures, dit le jeune homme, tu n'as pas de temps à perdre pour faire tes emplettes; à neuf heures sonnantes, trouve-toi avec le cheval dans la petite ruelle qui est derrière la maison, de plain-pied avec la fenêtre.

— C'est convenu, fit le lazzarone.

Puis, allant à Nanno :

— Dites donc, Nanno, continua Michele, puisque vous voilà seule avec lui, ne pourriez-vous pas arranger les choses de manière que le danger qui menaçait ma pauvre petite sœur soit conjuré?

— Je viens pour cela, répondit Nanno.

— Eh bien, alors, vous êtes une brave femme, parole d'honneur ! Quant à moi, continua le lazzarone avec une certaine mélancolie, tu comprends, Nanno, s'il faut absolument, pour que ma sœur soit heureuse, faire la part du diable, eh bien, laisse le bout de ma corde aux mains de maître Donato, et ne t'occupe que d'elle; il y a, du Pausilippe au pont de la Madeleine, des Michele à n'en savoir que faire et des fous à revendre, sans compter ceux d'Aversa; mais il n'y a, dans tout l'univers, qu'une seule Luisa San-Felice. — Monsieur Salvato, votre commission sera faite, et bien faite, soyez tranquille.

Et il sortit à son tour.

Le jeune homme resta seul avec Nanno; il avait entendu ce qu'avait dit Michele.

— Nanno, dit-il, voilà plusieurs fois que j'entends parler de prédictions sombres faites par toi à Luisa; qu'y a-t-il de vrai dans tout cela ?

— Jeune homme, répondit-elle, tu le sais : les arrêts du ciel ne sont jamais si clairement expliqués que l'on puisse s'y soustraire; mais la prédiction des astres, confirmée par les lignes de la main, menace celle que tu aimes d'une mort sanglante, et il m'est positivement révélé que c'est son amour pour toi qui causera sa mort.

— Son amour pour moi ou mon amour pour elle ? demanda Salvato.

— Son amour pour toi; et voilà pourquoi les lois de l'honneur, comme Français, les lois de l'humanité, comme amant, t'ordonnent de la quitter pour ne jamais la revoir. Séparez-vous l'un de l'autre, séparez-vous pour toujours, et peut-être cette séparation conjurera le sort. J'ai dit.

Et Nanno, ramenant son capuchon sur ses yeux, se retira sans vouloir davantage répondre aux questions ou écouter les prières du jeune homme.

A la porte, elle rencontra Luisa

— Tu pars, Nanno? lui demanda celle-ci.

— Ma mission est accomplie, répondit la sorcière, pourquoi resterais-je?

— Et ne puis-je savoir ce que tu étais venue faire? demanda Luisa.

— Celui-là te le dira, répliqua Nanno en montrant du doigt le jeune homme.

Et elle s'éloigna de ce même pas silencieux et grave dont elle était entrée.

Luisa, comme fascinée par une vision fantastique, la suivit des yeux; elle la vit traverser le long corridor, franchir la salle à manger, descendre le perron, puis enfin ouvrir la porte du jardin et la tirer derrière elle.

Mais, malgré sa disparition, Luisa demeura immobile; on eût dit que, comme la nymphe Daphné, ses pieds étaient restés attachés à la terre.

— Luisa!... murmura Salvato de sa plus douce voix.

La jeune femme tressaillit; la fascination était rompue. Elle se retourna vers celui qui l'appelait, et, le voyant les yeux brillant d'une flamme inaccoutumée, qui n'était ni celle de la fièvre ni celle de l'amour, mais celle de l'enthousiasme:

— Oh! s'écria-t-elle, malheur à moi, vous savez tout!

— Oui, chère Luisa, répondit Salvato.

— C'est pour cela que Nanno était venue alors ?

— C'est pour cela.

— Et... (la jeune femme fit un effort), et quand partez-vous? demanda-t-elle.

— J'étais résolu à partir ce soir à neuf heures, Luisa; mais je ne vous avais pas revue!...

— Et maintenant que vous m'avez revue...?

— Je partirai quand vous voudrez.

— Vous êtes bon et doux comme un enfant, Salvato, vous, le guerrier terrible ! Vous partirez ce soir, mon ami, à l'heure que vous aviez résolu de partir.

Salvato la regarda avec étonnement.

— Avez-vous cru, continua la jeune femme, que je vous aimerais si mal et aurais si peu de gloire de moi-même, que de vous conseiller jamais de faire quelque chose contre votre honneur ? Votre départ me coûtera bien des larmes, Salvato, et je serai bien malheureuse quand vous serez parti, car cette âme inconnue que vous avez apportée avec vous et mise en moi, vous l'emporterez avec vous, et Dieu seul peut savoir ce qu'il y aura de tristesse et de solitude dans le vide qui va se faire autour de mon cœur... O pauvre chambre déserte ! continua-t-elle en regardant autour d'elle tandis que deux grosses larmes coulaient de ses yeux sans altérer la profonde suavité de sa voix, combien de fois je viendrai, la nuit, chercher le rêve au lieu de la réalité! comme tous ces vulgaires objets vont me devenir chers et se poétiser par votre absence! Ce lit où vous avez souffert, ce fauteuil où j'ai veillé près de vous, ce verre où vous avez bu, cette table où vous vous êtes appuyé, ce rideau que j'écartais pour laisser parvenir jusqu'à vous un rayon de soleil, tout me parlera de vous, mon ami, tandis qu'à vous rien ne parlera de moi...

— Excepté mon cœur, Luisa, qui est plein de vous!

— Si cela est, Salvato, vous êtes moins malheureux que moi; car vous continuerez à me voir : vous savez les heures qui sont à moi ou plutôt qui étaient à vous; votre absence n'y changera rien, mon ami; vous me verrez entrer dans cette chambre ou en sortir aux mêmes heures où j'y entrais et en sortais quand vous étiez là. Pas un des jours, pas un des instants que nous avons passés dans cette chambre ne sera oublié, tandis que, moi, où vous chercherai-je? Sur les champs de bataille, au milieu du feu et de la fumée, parmi les blessés ou les morts!... Oh! écrivez-moi, écrivez-moi, Salvato! ajouta la jeune femme en poussant un cri de douleur.

— Mais le puis-je? demanda le jeune homme.

— Et qui vous en empêcherait?

— Si une de mes lettres s'égarait, si elle était trouvée !...

— Ce serait un grand malheur en effet, dit la jeune femme, non pour moi, mais pour lui.

— Pour lui !... Qui ?... Je ne vous comprends pas, Luisa.

— Non, vous ne me comprenez pas; non, vous ne pouvez pas comprendre, car vous ignorez quel ange de bonté j'ai pour mari. Il serait malheureux de ne pas me savoir heureuse. Oh! soyez tranquille, je veillerai sur son bonheur.

— Mais si j'écrivais à une autre adresse ? à la duchesse Fusco, à Nina ?

— Inutile, mon ami; et puis ce serait une tromperie, et pourquoi tromper quand il n'y a pas et même quand il y a nécessité absolue ? Non, vous m'écrirez : « A Luisa San-Felice, à Mergellina, maison du Palmier. »

— Mais si une de mes lettres tombe entre les mains de votre mari ?

— Si elle est cachetée, il me la donnera sans la décacheter; si elle est décachetée, il me la donnera sans la lire.

— Mais enfin s'il la lisait ? dit Salvato étonné de cette opiniâtre confiance.

— Me diriez-vous autre chose, dans ces lettres

que ce qu'un tendre frère dirait à une sœur bien-aimée ?

— Je vous dirai que je vous aime.

— Si vous ne me dites que cela, Salvato, il vous plaindra et me plaindra moi-même.

— Alors, si cet homme est tel que vous dites, c'est plus qu'un homme.

— Mais pensez donc, mon ami, que c'est un père bien plus qu'un époux. Depuis l'âge de cinq ans, j'ai grandi sous ses yeux. Réchauffée à son cœur, vous me trouvez compatissante, instruite, intelligente ; c'est lui qui est compatissant, qui est instruit ; c'est lui qui est intelligent, car intelligence, instruction, bienveillance, je tiens tout de lui. Vous êtes bien bon, n'est-ce pas, Salvato ? vous êtes bien grand, vous êtes bien généreux ; je vous vois et je vous juge avec les yeux de la femme qui aime. Eh bien, il est meilleur, il est plus grand, il est plus généreux que vous, et Dieu veuille qu'il n'ait pas l'occasion de vous le prouver un jour !

— Mais vous allez me rendre jaloux de cet homme, Luisa !

— Oh ! soyez-en jaloux, mon ami, si toutefois un amant peut-être jaloux de l'affection d'une fille pour son père. Je vous aime bien, Salvato, bien profondément, puisqu'à l'heure de vous quitter, je vous le dis de moi-même et sans que vous me le demandiez; eh bien, si je vous voyais tous deux courant un danger égal, réel, suprême, et que mon secours pût sauver un seul de vous deux, c'est lui que je sauverais, Salvato, quitte à revenir mourir avec vous.

— Ah! Luisa, que le chevalier est heureux d'être aimé ainsi!

— Et cependant, vous ne voudriez point de cet amour, Salvato, car c'est celui que l'on a pour les êtres immatériels et supérieurs, car cet amour n'a pas su empêcher celui que je vous ai donné : je l'aime mieux que vous et je vous aime plus que lui, voilà tout.

Et, en disant ces mots, comme si Luisa eût épuisé toutes ses forces dans la lutte de ces deux affections qui tenaient l'une son âme, l'autre son cœur, elle se laissa tomber sur une chaise, renversa sa tête en arrière, joignit les mains, et, les yeux au ciel, le sourire des bienheureux sur les lèvres, elle murmura des mots inintelligibles.

— Que faites-vous? demanda Salvato.

— Je prie, répondit Luisa.

— Qui?

— Mon ange gardien... Agenouillez-vous, Salvato, et priez avec moi.

— Étrange ! étrange ! murmura le jeune homme vaincu par une force supérieure.

Et il s'agenouilla.

Au bout de quelques instants, Luisa abaissa la tête, Salvato releva la sienne, tous deux se regardèrent avec une profonde tristesse, mais une suprême sérénité de cœur.

Les heures passèrent.

Les heures tristes s'écoulent avec la même rapidité, quelquefois plus rapidement que les heures heureuses. Les deux jeunes gens ne se promirent rien pour l'avenir, ils ne parlèrent que du passé. Nina entra, Nina sortit; ils ne firent point attention à elle, ils vivaient dans une espèce de monde inconnu, suspendus entre le ciel et la terre; seulement, à chaque heure que sonnait la pendule, ils tressaillaient et poussaient un soupir.

A huit heures, Nina entra.

— Voici ce que Michele envoie, dit-elle.

Et elle déposa aux pieds des deux jeunes gens un paquet noué dans une serviette.

Ils ouvrirent le paquet : c'était le costume de paysan acheté par Michele.

Les deux femmes sortirent.

En quelques minutes, Salvato eut revêtu les habits sous lesquels il devait fuir; il alla rouvrir la porte.

Luisa jeta un cri d'étonnement : il était plus beau et plus élégant encore, s'il était possible, sous l'habit de montagnard que sous celui de citadin.

La dernière heure s'écoula comme si les minutes en eussent été changées en secondes.

Neuf heures sonnèrent.

Luisa et Salvato comptèrent, les uns après les autres, les neuf coups frissonnants du timbre, et cependant ils savaient bien que c'était neuf heures qui sonnaient.

Salvato regarda Luisa, elle se leva la première.

Nina entra.

La jeune fille était pâle comme un linge, ses sourcils étaient contractés, ses lèvres entr'ouvertes laissaient voir ses dents blanches et aiguës, sa voix semblait avoir peine à passer entre ses dents serrées.

— Michele attend! dit-elle.

— Allons! dit la jeune femme en tendant la main à Salvato.

— Vous êtes noble et grande, Luisa, dit celui-ci.

Et il se leva; mais, tout homme qu'il était, il chancela.

— Appuyez-vous sur moi une fois encore, mon ami, dit-elle; hélas! ce sera la dernière.

En entrant dans la chambre qui donnait sur la ruelle, ils entendirent hennir un cheval.

Michele était à son poste.

— Ouvre la fenêtre, Giovannina, dit la jeune femme.

Giovannina obéit.

Un peu au-dessous de l'appui de la fenêtre, on distinguait dans l'obscurité un groupe formé par un homme et un cheval; la fenêtre s'ouvrait de plain-pied avec le parquet sur un petit balcon.

Les deux jeunes gens s'approchèrent; Nina, qui avait ouvert la fenêtre, s'effaça et se tint derrière eux comme une ombre.

Tous deux pleuraient dans l'obscurité, mais silencieusement, sans sanglots, pour ne point s'affaiblir l'un l'autre.

Nina ne pleurait pas, ses paupières étaient sèches et brûlantes, sa respiration sifflait dans sa poitrine.

— Luisa, disait Salvato d'une voix entre-coupée, j'ai roulé dans un papier une chaîne d'or pour Nina, vous la lui donnerez de ma part.

Luisa répondit oui par un mouvement de tête et un serrement de main, mais sans parler.

Puis, au jeune lazzarone:

— Merci, Michele, dit Salvato. Tant que vivra dans mon cœur le souvenir de cet ange, — et il passa son bras autour du cou de la San-Felice, — c'est-à-dire tant que mon cœur battra, chacun de ses battements me rappellera le souvenir des bons amis entre les mains desquels je la laisse et à qui je la confie.

Par un mouvement convulsif, indépendant de sa volonté peut-être, Giovannina saisit la main du jeune homme, la baisa, la mordit presque.

Salvato, étonné, tourna la tête de son côté; elle se jeta en arrière.

— Monsieur Salvato, dit Michele, j'ai des comptes à vous rendre.

— Tu les rendras à ta vieille mère, Michele, et tu lui diras de prier Dieu et la Madone pour Luisa et pour moi.

— Ah bon! dit Michele, voilà que je pleure, à présent.

— Au revoir, mon ami! dit Luisa. Que le Seigneur et tous les anges du ciel vous gardent!

— Au revoir? murmura Salvato. Eh! ne savez-vous donc pas qu'il y a danger de mort pour nous si nous nous revoyons?

Luisa le laissa à peine achever.

— Silence! silence! dit-elle; remettons aux mains de Dieu les choses inconnues de l'avenir; mais, quelque chose qui doive arriver, je ne vous quitterai pas sur le mot adieu.

— Eh bien, soit! dit Salvato enjambant le balcon et se mettant en selle sans desserrer ses deux bras noués autour du cou de Luisa, qui se laissa courber vers lui avec la souplesse d'un roseau ; eh bien, soit ! chère adorée de mon cœur. Au revoir !

Et la dernière syllabe du mot symbole de l'espérance se perdit entre leurs lèvres dans un premier baiser.

Salvato poussa un cri tout à la fois de joie et de douleur, et piqua des deux son cheval, qui, partant au galop, l'arracha des bras de Luisa et se perdit dans l'obscurité.

— Oh ! oui, murmura la jeune femme, te revoir... et mourir !

LIV

LA BATAILLE

Nous avons vu Championnet se retirer de Rome en faisant solennellement, à Thiébaut et à ses cinq cents hommes, le serment de les venir délivrer avant vingt jours.

En quarante-huit heures et en deux étapes, il se trouva à Civita-Castellana.

Son premier soin fut de visiter la ville et ses environs.

Civita-Castellana, que l'on crut longtemps, à tort, l'ancienne Véies, préoccupa d'abord Championnet comme archéologue ; mais, en calculant la distance qui sépare Civita-Castellana de Rome, distance qui est de plus de trente milles, il comprit qu'il y avait erreur de la part de ces grands faiseurs d'erreurs que l'on appelle les savants, et que les ruines que l'on trouvait à quelque distance de la ville devaient être celles de Faléries.

Des études toutes modernes ont prouvé que c'était Championnet qui avait raison.

Son premier soin fut de mettre en état la citadelle bâtie par Alexandre VI, et qui ne servait plus que de prison, ainsi que de faire prendre position aux différents corps de sa petite armée.

Il plaça Macdonald — auquel il réserva tous les honneurs de la bataille qui devait avoir lieu — avec sept mille hommes, à Borghetto, en lui ordonnant de tirer, comme défense, le meilleur parti possible de la maison de poste et des quelques masures qui l'entouraient, en s'appuyant à Civita-Castellana, qui formait l'extrême droite de l'armée française ou plutôt au pied de laquelle était groupée l'armée française ; il envoya le général Lemoine avec cinq cents hommes dans les défilés de Terni, placés à sa gauche, en lui disant, comme Léonidas aux Spartiates : « Faites-vous tuer! » Casabianca et Rusca reçurent le même ordre pour les défilés d'Ascoli, formant l'extrême gauche. Tant que Lemoine, Casabianca et Rusca tiendraient, Championnet ne craignait pas d'être tourné, et, tant qu'il serait attaqué de face seulement, il espérait pouvoir se défendre. Enfin il envoya des courriers au général Pignatelli, qui était en train de reformer sa légion romaine entre Civita-Ducale et Marano, afin de lui porter l'ordre de se mettre en marche dès que ses hommes seraient prêts et de rallier le général polonais Kniasewitch, qui avait sous son commandement les 2e et 3e bataillons de la 30e demi-brigade de ligne, deux escadrons du 16e régiment de dragons, une compagnie du 19e de chasseurs à cheval et trois pièces d'artillerie, et de marcher droit au canon, dans quelque direction qu'il l'entendît.

En outre, le chef de brigade Lahure fut chargé, avec la 15e demie-brigade, de prendre position à Regnano, en avant de Civita-Castellana, et le général Maurice Mathieu de se porter sur Vignanello, pour couper aux Napolitains la position d'Orte et les empêcher de passer le Tibre.

En même temps, il envoya des courriers sur la

route de Spolette et de Foligno, pour presser l'arrivée des trois mille hommes de renfort promis par Joubert.

Ces dispositions prises, il attendit de pied ferme l'ennemi, dont il pouvait suivre tous les mouvements du haut de sa position de Civita-Castellana, où il se tenait avec une réserve d'un millier d'hommes, pour se porter où besoin serait.

Par bonheur, au lieu de poursuivre sans relâche Championnet avec sa nombreuse et magnifique cavalerie napolitaine, Mack perdit trois jours à Rome et trois ou quatre autres jours à réunir toutes ses forces, c'est-à-dire quarante mille hommes, pour marcher sur Civita-Castellana.

Enfin le général Mack divisa son armée en cinq colonnes et se mit en marche.

Au dire des stratégistes, voici ce que Mack eut dû faire :

Il eût dû appeler par Pérouse le corps du général Naselli, conduit et escorté à Livourne par Nelson ; il eût dû conduire les principales forces de son armé, sur la gauche du Tibre et camper à Terni ; il eût dû enfin attaquer avec des forces sextuples la petite troupe de Macdonald, qui, pris entre les sept mille hommes de Naselli et trente ou trente-cinq mille hommes que Mack eût gardés dans sa main, n'eût pu résister à cette double attaque ; mais, au contraire, il dissémina ses forces en s'avançant sur cinq colonnes, et laissa libre la route de Pérouse.

Il est vrai que les populations environnantes, c'est-à-dire celles de Riéti, d'Otricoli et de Viterbe, excitées par les proclamations du roi Ferdinand, s'étaient révoltées et que de toutes parts on les sentait prêtes à seconder les mouvements du général Mack.

Celui-ci s'avança, précédé d'une proclamation ridicule à force de barbarie. Championnet, en abandonnant Rome, avait laissé dans les hôpitaux trois cents malades qu'il avait recommandés à l'honneur et à l'humanité du général ennemi ; mais, averti par une dépêche du roi Ferdinand, de la sortie qu'avait faite la garnison du château Saint-Ange, et de la façon dont les deux consuls, prêts à être pendus, avaient été enlevés au pied même de l'échafaud, Mack rédigea un manifeste dans lequel il déclarait à Championnet que, s'il n'abandonnait pas sa position de Civita-Castellana, et s'il osait s'y défendre, les trois cents malades, abandonnés dans les hôpitaux romains, répondraient tête pour tête des soldats qu'il perdrait dans le combat et seraient livrés à la *juste indignation* du peuple romain ; ce qui voulait dire qu'ils seraient mis en morceaux par la populace du Transtevère.

La veille du jour où l'on aperçut les têtes de colonne des Napolitains, ces manifestes furent apportés aux avant-postes français par des paysans; ils tombèrent entre les mains de Macdonald.

Cette nature loyale en fut exaspérée.

Macdonald prit la plume et écrivit au général Mack :

« Monsieur le général,

» J'ai reçu le manifeste; prenez garde ! les républicains ne sont point des assassins; mais je vous déclare, de mon côté, que la mort violente d'un seul malade des hôpitaux romains sera la condamnation à mort de toute l'armée napolitaine, et que je donnerai l'ordre à mes soldats de ne point faire de prisonniers.

» Votre lettre, dans une heure, sera connue de toute l'armée, où vos menaces exciteront une indignation et une horreur qui ne pourront être surpassées que par le mépris qu'inspirera celui qui les a faites.

» MACDONALD. »

Et, en effet, à l'instant même, Macdonald distribua une douzaine de ces manifestes et les fit lire par les chefs de corps à leurs hommes, tandis que lui, montant à cheval, se rendait au galop à Civita-Castellana pour communiquer cette proclamation au général Championnet et lui demander ses ordres.

Il trouva le général sur le magnifique pont à double arcade jeté sur le Rio-Maggiore, et bâti en 1712 par le cardinal Imperiali; il tenait sa lunette de campagne à la main, examinait les approches de la ville, et faisait prendre par son secrétaire des notes sur une carte militaire.

En voyant venir à lui, au grand galop de son cheval, Macdonald pâle et agité :

— Général, lui dit-il à distance, j'ai cru que vous m'apportiez des nouvelles de l'ennemi; mais, maintenant, je vois que je me trompe; car, en ce cas, vous seriez calme et non agité.

— J'en apporte, cependant, général, dit Macdonald en sautant à bas de son cheval; les voici!

Et il lui présenta le manifeste.

Championnet le lut sans le moindre signe de colère, mais seulement en haussant les épaules.

— Ne connaissez-vous pas l'homme auquel nous avons affaire? dit-il. Et qu'avez-vous répondu à cela?

— J'ai d'abord donné l'ordre de lire le manifeste dans l'armée.

— Vous avez bien fait; il est bon que le soldat connaisse son ennemi, et il est encore mieux qu'il le méprise; mais ce n'est point le tout; vous avez répliqué au général Mack, à ce que je présume ?

— Oui, que chaque prisonnier napolitain répondrait à son tour tête pour tête pour les Français malades à Rome.

— Cette fois, vous avez eu tort.

— Tort?

Championnet regarda Macdonald avec une douceur infinie, et, lui posant la main sur l'épaule :

— Ami, lui dit-il, ce n'est point avec des représailles sanglantes que les républicains doivent répondre à leurs ennemis ; les rois ne sont que trop disposés à nous calomnier, ne leur donnons pas même l'occasion de médire. Redescendez vers vos hommes, Macdonald, et lisez-leur l'ordre du jour que je vais vous donner.

Et, se tournant vers son secrétaire, il lui dicta l'ordre du jour suivant, que celui-ci écrivit au crayon :

« Ordre du jour du général Championnet avant la bataille de Civita-Castellana. »

—C'est ainsi, interrompit Championnet, que s'appellera la bataille que vous gagnerez demain, Macdonald.

Et il continua :

« Tout soldat napolitain prisonnier sera traité avec l'humanité et la douceur ordinaires des républicains envers les vaincus.

» Tout soldat qui se permettrait un mauvais traitement quelconque envers un prisonnier désarmé, sera sévèrement puni.

» Les généraux seront responsables de l'exécution de ces deux ordres... »

Championnet prenait le crayon pour signer, lorsqu'un chasseur à cheval, couvert de boue, blessé au front, apparut à l'extrémité du pont, et, venant droit à Championnet ?

— Mon général, dit-il, les Napolitains ont surpris un avant-poste de cinquante hommes à Baccano, et les ont tous égorgés dans le corps de garde ; et, de crainte que quelque blessé ne survécût et ne se sauvât, ils ont mis le feu au bâtiment, qui s'est écroulé sur les nôtres, au milieu des insultes des royaux et des cris de joie de la population.

— Eh bien, général, dit Macdonald triomphant, que pensez-vous de la conduite de nos ennemis ?

— Qu'elle fera d'autant mieux ressortir la nôtre, Macdonald.

Et il signa.

Puis, comme Macdonald paraissait désapprouver cette modération :

— Croyez-moi, lui dit Championnet, c'est ainsi que la civilisation doit répondre à la barbarie. Allez, Macdonald ; je vous prie, comme votre ami, de faire publier cet ordre du jour à l'instant même, et, au besoin, comme votre général, je vous l'ordonne.

Macdonald resta un moment muet et comme hésitant; puis, tout à coup, jetant ses bras autour du cou de Championnet et l'embrassant :

— Dieu sera avec vous demain, mon cher général, lui dit-il; car vous êtes en même temps la justice, le courage et la bonté.

Et, se remettant en selle, il redescendit vers ses hommes, les fit mettre en ligne, et, passant sur le front de cette ligne, il leur lut l'ordre du jour du général Championnet, qui excita des transports d'enthousiasme.

C'était les derniers beaux jours de la République; nos soldats avaient encore quelques-uns de ces grands sentiments humanitaires, brises suprêmes, haleines affaiblies du souffle révolutionnaire de 1789, qui devaient plus tard se fondre dans l'admiration et le dévouement pour un seul homme; ils restèrent aussi grands, ils furent moins bons.

Championnet envoya aussitôt des courriers à Lemoine et à Casabianca pour leur annoncer qu'ils seraient, selon toute probabilité, attaqués le lendemain, et leur ordonner, s'ils étaient forcés, de lui expédier des courriers à l'instant même, afin qu'il pût prendre ses mesures. Lahure, de son côté, reçut avis de ce qui s'était passé à Baccano, par ce même chasseur qui avait échappé au massacre, et qui, tout sanglant encore du combat de la veille, demandait à être un des premiers au combat du lendemain, pour venger ses camarades et se venger lui-même.

Vers trois heures de l'après-midi, Championnet descendit de Civita-Castellana, commença par visiter les avant-postes du chef de brigade Lahure, puis le corps d'armée de Macdonald ; il se mêla aux soldats en leur rappelant qu'ils étaient les hommes d'Arcole et de Rivoli, et qu'ils avaient l'habitude de combattre un contre trois ; que combattre un contre quatre était, par conséquent, une nouveauté qui ne devait pas les effrayer.

Puis il commenta son ordre du jour et celui du général Mack ; il leur dit que le soldat républicain, propagateur de l'idée révolutionnaire, était un apôtre armé, tandis que les soldats du despotisme n'étaient que des mercenaires sans convictions ; il leur demanda s'ils aimaient la patrie et s'ils regardaient la liberté comme le but des efforts de toute nation intelligente, et si, avec cette double conviction qui avait failli faire triompher les trois cents Spartiates de l'immense armée de Xerxès, ils pensaient que dix mille Français pussent être vaincus par quarante mille Napolitains.

Et, à cette harangue paternelle, qui fut comprise de tous, parce que Championnet n'employa ni grandes paroles, ni métaphores, tous sourirent et se contentèrent de demander si l'on ne manquerait pas de munitions.

Et, sur l'assurance de Championnet qu'il n'y avait rien de pareil à craindre :

— Tout ira bien, répondirent-ils.

Le soir, Championnet fit distribuer un baril de vin de Montefiascone par compagnie, c'est-à-dire une demi-bouteille de vin à peu près par homme; d'excellent pain frais cuit sous ses yeux à Civita-Castellana, et une ration de viande d'une demi-livre. C'était un repas de sybarites, pour ces hommes qui, depuis trois mois, manquaient de tout, et dont la solde était arriérée depuis six.

Puis il fit recommander, non-seulement aux chefs, mais encore aux soldats, la plus grande vigilance.

Le soir, de grands feux s'allumèrent dans les bivacs français, et les musiques des régiments jouèrent *la Marseillaise* et *le Chant du départ*.

Les populations, naturellement ennemies, regardaient avec étonnement, de leurs villages cachés dans les plis des montagnes, comme autant d'embuscades, ces hommes qui allaient combattre et probablement mourir le lendemain, et qui se préparaient au combat et à la mort par des chants et par des fêtes. Pour ceux-là mêmes qui ne comprenaient pas, le spectacle était grand.

La nuit s'écoula sans alarmes; mais le soleil, en se levant, éclaira toute l'armée du général Mack, s'avançant sur trois colonnes; une quatrième, qui marchait sur Terni sans être vue, pouvait être soupçonnée au nuage de poussière qu'elle soulevait à l'horizon; enfin, une cinquième, qui était partie dès la veille au soir de Baccano pour Ascoli, était invisible.

Les trois colonnes restées sous la main de Mack montaient à trente mille hommes, à peu près; six mille devaient attaquer nos avant-postes à l'extrême gauche; quatre mille devaient occuper le village de Vignanello, qui dominait tout le champ de bataille; enfin, la masse la plus forte, celle qui était composée de vingt mille hommes, et qui était commandée par Mack en personne, devait attaquer Macdonald et ses sept mille hommes.

Championnet avait échelonné sa réserve sur les rampes de la montagne, au sommet de laquelle il se tenait lui-même, sa lunette à la main.

Ses officiers d'ordonnance l'entouraient, prêts à porter ses ordres partout où besoin serait.

Ce fut le chef de brigade Lahure qui essuya le premier feu.

Il avait fait placer ses hommes en avant du village de Regnano, dont il avait fait créneler les premières maisons.

Les soldats qui attaquaient Lahure étaient ceux-là mêmes qui, la veille, à Baccano, avaient massacré les prisonniers. Mack leur avait fait boire du sang, comme on fait aux tigres, pour les rendre non plus courageux, mais plus féroces.

Ils abordèrent vigoureusement la position; mais il y avait dans l'armée française des traditions sur le courage des troupes napolitaines qui n'en faisaient pas un fantôme bien effrayant pour nos soldats; Lahure, avec sa 15e brigade, c'est-à-dire avec un millier d'hommes repoussa cette première attaque au grand étonnement des Napolitains, qui revinrent à la charge avec acharnement et furent repoussés une seconde fois.

Voyant cela, le chevalier Micheroux, qui commandait la colonne ennemie, fit approcher de l'artillerie et foudroya les premières maisons, où étaient embusqués nos tirailleurs; ces maisons s'écroulèrent bientôt, laissant leurs défenseurs sans abri. Il y eut un moment de trouble dont le général napolitain profita pour faire avancer une colonne d'attaque de trois mille hommes qui se rua sur le village et l'emporta.

Mais, de l'autre côté, Lahure avait reformé sa petite troupe derrière un pli de terrain, de sorte qu'au moment où les Napolitains débouchaient du village, ils furent assaillis par un feu si violent, que ce fut à leur tour de rétrograder.

Alors, Micheroux fit attaquer les Français par trois colonnes, une de trois mille hommes qui continua d'avancer par la principale rue du village, deux de quinze cents qui le contournèrent.

Lahure attendit bravement l'ennemi derrière le retranchement naturel où il était embusqué et ne permit à ses soldats de faire feu qu'à bout portant; ses soldats obéirent à la lettre; mais les masses napolitaines étaient si profondes, qu'elles continuèrent d'avancer, les dernières files poussant les premières. Lahure vit qu'il allait être forcé; il ordonna à ses hommes de se former en carré et de se retirer pas à pas sur Civita-Castellana.

La manœuvre s'exécuta comme à la parade; trois bataillons carrés se formèrent à l'instant même sous le feu des Napolitains et soutinrent, sans se rompre, plusieurs charges très-brillantes de cavalerie.

Championnet, du haut de son rocher, suivait cette magnifique défense; il vit Lahure battre en retraite jusqu'au pont de Civita-Castellana; mais, en même temps, il s'aperçut que cette poursuite avait mis le désordre dans les rangs des Napolitains; il envoya aussitôt un officier d'ordonnance au brave chef de la 15e demi-brigade pour lui dire de reprendre l'offensive, et qu'il lui envoyait, pour seconder ce mouvement, cinq cents hommes de renfort. Lahure fit aussitôt courir la nouvelle dans les rangs des soldats, qui la reçurent aux cris de « Vive la République ! » et qui, voyant arriver le renfort promis au pas de course et la baïonnette en avant, entendant les tambours battre la charge, s'élancèrent avec une telle impétuosité sur les Napolitains, que ceux-ci, qui ne s'attendaient point à cette attaque, croyant déjà être vainqueurs, s'étonnèrent d'abord, puis, après un moment d'hésitation, rompirent leurs rangs et s'enfuirent.

Lahure les poursuivit, leur fit cinq cents prisonniers, leur tua sept ou huit cents hommes, leur prit deux drapeaux, les quatre pièces de canon avec lesquelles ils avaient abattu les maisons crénelées, et rentra en vainqueur dans Regnano, où il reprit la position qu'il avait avant la bataille.

Pendant ce temps, le chef de la 3ᵉ colonne, qui formait la droite de l'attaque principale, et qui s'était emparé de Vignanello, voyant venir le général Maurice Mathieu avec une colonne de deux tiers moins forte que la sienne, ordonna à ses hommes de se porter en avant du village, d'y établir une batterie de quatres pièces de canon et d'attaquer les Français; l'ordre fut exécuté. Mais le général Maurice Mathieu donna un tel élan à ses troupes, que, quoique fatiguées par une marche forcée qu'elles avaient faite la veille, il commença par repousser l'ennemi, puis le chargea si vigoureusement à son tour, qu'il fut obligé de se réfugier dans Vignanello, et cela avec tant de rapidité et de confusion, que les canonniers n'eurent pas le temps de réatteler leurs pièces, qui ne tirèrent qu'une volée, et les laissèrent avec leurs fourgons entre les mains d'une cinquantaine de dragons qui formaient toute la cavalerie du général Maurice Mathieu; celui-ci ordonna de tourner les quatre pièces sur le village, dont les habitants avaient pris parti pour les Napolitains et venaient de faire feu sur les Français, annonçant qu'il allait ruiner le village et passer au fil de l'épée paysans et Napolitains, si ces derniers ne l'évacuaient pas à l'instant même.

Effrayés de la menace, les Napolitains évacuèrent Vignanello, et, poursuivis la baïonnette dans les reins, ne s'arrêtèrent qu'à Borghetto.

Ils perdirent cinq cents hommes tués, cinq cents prisonniers, un drapeau et les quatre pièces de canon, qui restèrent entre nos mains.

L'attaque du centre était plus grave, Mack y commandait en personne et y conduisait trente mille hommes.

L'avant-garde de Macdonald, placée entre Otricoli et Cantalupo, était commandée par le général Duhesme, passé récemment de l'armée du Rhin à celle de Rome. On sait la rivalité qui existait entre l'armée du Rhin et celle d'Italie, fière d'avoir combattu sous les yeux de Bonaparte et d'avoir remporté des victoires plus retentissantes que sa rivale. Duhesme voulut montrer du premier coup aux soldats du Tessin et du Mincio qu'il était digne de les commander : il ordonna, au lieu d'attendre l'attaque, à deux bataillons du 15ᵉ léger et du 11ᵉ de ligne, de charger tête baissée la colonne qui s'avançait contre eux ; il fit manœuvrer sur le flanc droit de l'ennemi deux petites pièces d'artillerie légère, se mit lui-même à la tête de trois escadrons du 19ᵉ de chasseurs à cheval, et attaqua l'ennemi au moment où celui-ci croyait l'attaquer. Prise ainsi à l'improviste, l'avant-garde napolitaine fut vigoureusement refoulée sur le corps d'armée. En voyant cette petite troupe perdue et presque engloutie dans les flots des Napolitains, Macdonald ordonna à deux mille hommes de soutenir l'avant-garde ; ces deux mille hommes s'élancèrent au pas de charge et achevèrent de mettre en désordre la première colonne, qui se replia sur la seconde, forte de dix à douze mille hommes.

Dans son mouvement rétrograde, la colonne napolitaine avait abandonné deux pièces de canon que l'on venait de mettre en batterie et qui ne tirèrent même pas, six caissons de munitions, deux drapeaux et six cents prisonniers. Cinq ou six cents Napolitains morts ou blessés restèrent dans l'espace vide qui s'allongea du point dont l'avant-garde française était partie jusqu'à celui où elle était parvenue; mais cet espace ne resta pas longtemps vide; car Duhesme et ses hommes, forcés de se mettre en retraite devant la deuxième colonne, inquiétés sur leurs flancs par les débris de l'avant-garde, qui s'étaient ralliés, et par des nuées de paysans combattant en tirailleurs, reculaient pas à pas, mais enfin reculaient.

Macdonald envoya un aide de camp à Duhesme, pour lui dire de revenir à sa première position, de faire halte, de se former en bataillons carrés et de recevoir l'ennemi sur ses baïonnettes; en même temps, il ordonna à une batterie de quatre pièces de canon, placée sur un petit mamelon qui prenait les Napolitains en écharpe, de commencer son feu, et lui-même, avec le reste de sa troupe, c'est-à-dire avec cinq mille hommes à peu près, divisés en deux colonne d'attaque, passant à la droite et à la gauche du bataillon carré de Duhesme, chargea comme un simple colonel.

Championnet, dominant l'immense échiquier, oubliait sa propre responsabilité pour suivre Macdonald, qu'il aimait comme un frère; il le voyait, avec un serrement de cœur dont il n'était pas le maître, général et soldat tout à la fois, commander et combattre avec ce calme qui était le caractère distinctif du courage de Macdonald, courage qui, dix ans plus tard, se produisant à Wagram, étonna l'empereur, lequel pourtant se connaissait en courage. Il eût voulu être derrière lui afin de lui crier de s'arrêter, d'être plus ménager de la vie de ses hommes et de la sienne, et, malgré lui, il était obligé d'admirer, et de battre des mains à cette intrépidité. Championnet cependant se demandait s'il ne devait pas lui envoyer un officier d'ordonnance pour l'inviter à battre en retraite, ramener sur les flancs des Napolitains, Lahure d'un côté et Maurice Mathieu de l'autre, lorsqu'il vit que Macdonald commençait de lui-même à opérer cette retraite; en même temps, pour la faciliter, Duhesme se reformait en colonne et poussait une pointe vigoureuse au centre de cette masse, la heurtant d'un choc si vigoureux, qu'il la forçait à reculer. Macdonald, dégagé, se formait à son tour en bataillons carrés, et semblait se faire un jeu d'attendre à cinquante pas les charges de la cavalerie napolitaine et d'accumuler sur les deux faces par lesquelles il était attaqué les cadavres des hommes et des chevaux. Duhesme, qui ne voulait rien autre chose que dégager son chef, s'était reformé de colonne en carré, et le champ de bataille offrait l'aspect de trente mille hommes assiégeant six redoutes vivantes, composées de douze cents hommes chacune et vomissant des torrents de feu.

Mack, voyant qu'il avait affaire à un ennemi impossible à forcer, résolut d'utiliser sa nombreuse artillerie; il fit, sur deux points dominant le champ de bataille, établir deux batteries de vingt pièces chacune, dont les feux croisés battaient diagonalement les carrés, tandis que dix autres pièces attaquaient particulièrement de face celui de Duhesme, qui formait le centre, dans le but, s'il parvenait à l'éventrer, d'y lancer une formidable colonne qu'il tenait prête pour couper en deux le centre de l'armée républicaine.

Championnet voyait avec inquiétude l'affaire tourner à une bataille contre laquelle le courage ni le génie ne pourraient rien; il sondait du regard les masses profondes de Mack, qui ondoyaient à l'horizon, quand tout à coup, en portant les yeux à sa gauche, il vit, vers Riéti, étinceler des armes au milieu d'un tourbillon de poussière qui s'avançait rapidement; il crut que c'était un nouveau renfort qui arrivait à Mack, les troupes envoyées par lui la veille à Ascoli peut-être, qui se ralliaient au canon, lorsqu'en se retournant pour demander l'avis d'un de ses officiers d'ordonnance nommé Villeneuve, et renommé pour son excellente vue, il aperçut du côté diamétralement opposé, c'est-à-dire sur la route de Viterbe, un second corps, qui lui parut plus considérable encore que le premier et qui s'acheminait vers le champ de bataille avec une égale diligence. On eût dit que ces deux corps, quels qu'ils fussent, s'étaient donné le mot pour arriver chacun de son côté, à la même heure, presque à la même minute, pour prendre part à la même affaire.

Serait-ce le corps du général Naselli qui arriverait de Florence, et Mack serait-il un général plus habile qu'on ne l'aurait cru?

Tout à coup, l'aide de camp Villeneuve poussa un cri de joie, et, tendant les mains vers les flots de poussière que soulevait sur la route de Viterbe, entre Ronciglione et Monterosso, cette nombreuse troupe de soldats :

— Général, dit-il, le drapeau tricolore!

— Ah! s'écria Championnet, ce sont les nôtres; Joubert m'a tenu parole.

Puis, reportant les yeux sur l'autre troupe qui arrivait de Riéti :

— Oh! morbleu! dit-il, ce serait-trop de chance!

Les yeux de tous ceux qui entouraient le général se portèrent sur le point qu'il désignait du doigt, et un seul cri retentit, s'échappant de toutes les bouches :

— **Le drapeau tricolore! le drapeau tricolore!**

— C'est Pignatelli et la légion romaine, c'est Kniasewitch et ses Polonais, ses dragons et ses chasseurs à cheval ! c'est la victoire enfin !

Alors, étendant, avec un geste d'une merveilleuse grandeur, sa main vers Rome :

— Roi Ferdinand, s'écria le général républicain, tu peux maintenant, comme Richard III, offrir ta couronne pour un cheval.

LV

LA VICTOIRE

Championnet, se tournant vers l'aide de camp Villeneuve :

— Vous voyez d'ici Macdonald ? lui dit-il.

— Non-seulement je le vois, général, répondit l'aide de camp, mais je l'admire !

— Et vous faites bien. C'est une belle étude pour vous, jeunes gens. Voilà comme il faut être au feu.

— Vous vous y connaissez, général, dit Villeneuve.

— Eh bien, allez à lui, dites-lui de tenir ferme une demi-heure encore, et que la journée est à nous.

— Pas d'autre explication ?

— Non, si ce n'est que, aussitôt qu'il verra se manifester parmi les Napolitains un certain trouble dont il ne pourra comprendre la cause; je l'invite à se reformer en colonne d'attaque, à faire battre la charge et à marcher en avant. Deux de ces messieurs vous suivront, continua Championnet en indiquant deux jeunes officiers qui attendaient impatiemment ses ordres, et, dans le cas où il vous arriverait malheur, vous suppléeront; dans le cas contraire, ce que j'espère, mon cher Villeneuve, l'un d'eux ira à Duhesme, l'autre aux carrés de gauche; la même chose à dire à chacun, ajouter seulement : « Le général répond de tout. »

Les trois officiers, fiers d'être choisis par Championnet, partirent au galop pour s'acquitter de leur mission.

Championnet les suivit des yeux; il vit les braves jeunes gens s'engager dans la fournaise ardente et se rendre chacun au poste qui lui était assigné.

— Brave jeunesse !... murmura-t-il; avec des hommes comme ceux-là, bien maladroit serait celui qui se laisserait battre.

Cependant les deux corps républicains avançaient rapidement, cavalerie en tête, l'infanterie marchant au pas de course, sans que rien annonçât leur approche aux Napolitains, sur lesquels il était évident qu'ils allaient tomber à l'improviste.

Tout à coup, sur les deux flancs de l'armée royale, les trompettes républicaines sonnèrent la charge, et, pareils à deux avalanches renversant tout ce qui se trouve sur leur passage, les deux corps de cavalerie se ruèrent sur cette masse compacte, dans laquelle ils entrèrent en frayant un chemin à l'infanterie, tandis qu'autour d'elle, trois pièces d'artillerie légère manœuvraient comme des tonnerres volants.

Ce qu'avait prévu Championnet arriva : les Napolitains, ne sachant d'où venaient ces nouveaux adversaires qui semblaient tomber du ciel, commencèrent à se débander ; Macdonald et Duhesme reconnurent, à l'oscillation de l'ennemi et à l'amollissement de ses coups, qu'il se passait dans l'armée du général Mack quelque chose d'extraordinaire et d'imprévu; que ce quelque chose était probablement ce qu'avait indiqué Championnet, et que le moment était venu d'exécuter ses instructions; en conséquence, Macdonald rompit ses carrés, Duhesme en fit autant, les autres chefs les imitèrent, les carrés s'allongèrent en colonnes et se soudèrent les uns aux autres comme les tronçons de trois immenses serpents, le terrible pas de charge retentit, les baïonnettes menaçantes s'abaissèrent, les cris de « Vive la République ! » se firent entendre, et, devant l'élan irrésistible de la *furia francese,* les Napolitains s'écartèrent.

— Allons, amis, cria Championnet aux cinq ou six cents hommes gardés par lui comme réserve, qu'il ne soit pas dit que nos frères aient vaincu sous nos yeux et que nous n'avons pas pris part à la victoire. En avant!

Et, entraînant ses hommes dans l'horrible mêlée, lui aussi vint faire sa brèche dans la muraille vivante.

Au milieu de cet immense désordre, où Dieu, qui semblait avoir conduit les différents corps français par la main, eût pu seul se reconnaître, un grand malheur fallit arriver. Après avoir culbuté chacun de son côté les Napolitains, après les avoir écartés comme le coin écarte le chêne, le corps de Kellermann et celui qui venait de Riéti, c'est-à-dire les dragons de Kellermann et les Polonais de Kniasewitch, se rencontrèrent et se prirent pour deux corps ennemis : les dragons pointèrent leurs sabres, les Polonais abaissèrent leurs lances, quand tout à coup deux jeunes gens se précipitèrent dans l'espace libre en criant de chaque côté : « Vive la République! » et en se précipitant dans les bras l'un de l'autre. Ces deux jeunes gens, c'était, du côté de Kellermann, Hector Caraffa, qui, on se le rappelle, était allé demander ce renfort à Joubert; c'était, du côté de Kniasewitch et de Pignatelli, Salvato Palmieri, qui, en venant de Naples pour rejoindre son général, était tombé au milieu des Polonais et de la légion romaine ; tous deux, las d'un long repos, guidés par leur courage et par leur haine, avaient pris la tête de colonne, et, les premiers à la charge, frappant d'une égale ardeur, pareils à des faucheurs qui, partis chacun de l'extrémité opposée d'un champ de blé, se rencontrent au milieu de ce champ, ils s'étaient rencontrés au centre de l'armée napolitaine et s'étaient reconnus assez à temps pour que Français et Polonais ne tirassent point les uns sur les autres.

Si l'on a pris, par l'exposition que nous en avons faite, une idée exacte du caractère des deux jeunes gens, on doit comprendre quelle joie pure et profonde ils éprouvèrent, après deux mois de séparation, à se presser dans les bras l'un de l'autre, au milieu de ce cri magique poussé par dix mille voix : « Victoire ! victoire ! »

Et, en effet, la victoire était complète, les trois colonnes de Duhesme et de Macdonald avaient, comme celles de Kellermann et de Kniasewitch, pénétré jusqu'au cœur de l'armée napolitaine en marchant sur le corps de tout ce qui avait voulu lui résister.

Championnet arriva pour achever la déroute ; elle fut terrible, insensée, inouïe. Trente mille Napolitains, vaincus, dispersés, fuyant dans toutes les directions, se débattaient au milieu de douze mille Français vainqueurs, combinant tous leurs mouvements avec un implacable sang-froid pour anéantir d'un seul coup un ennemi trois fois plus nombreux qu'eux.

Au milieu de cette effroyable débâcle, au milieu des morts, des mourants, des blessés, des canons abandonnés, des fourgons entr'ouverts, des armes jonchant le sol, des prisonniers se rendant par mille, les chefs se rejoignirent; Championnet pressa dans ses bras Salvato Palmieri et Hector Caraffa, et les fit tous deux chefs de brigade sur le champ de bataille, leur laissant, ainsi qu'à Macdonald et à Duhesme, tous les honneurs d'une victoire qu'il avait dirigée, serra les mains de Kellermann, de Kniasewitch, de Pignatelli, leur dit que par eux Rome était sauvée, mais que ce n'était point assez de sauver Rome, qu'il fallait conquérir Naples; qu'en conséquence, on ne devrait donner aucun relâche aux Napolitains, mais au contraire les poursuivre à outrance et couper, s'il était possible, les défilés des Abruzzes au roi de Naples et à son armée.

En conséquence du plan qu'il venait d'exposer à ses lieutenants, Championnet ordonna aux corps les moins fatigués de se remettre en marche et de poursuivre ou même de devancer l'ennemi; Salvato Palmieri et Ettore Caraffa s'offrirent pour servir de guides aux corps qui, par Civita-Ducale, Tagliacozzo et Sora, devaient faire invasion dans le royaume des Deux-Siciles, Championnet accepta. Maurice Mathieu et Duhesme furent chargés de commander les deux avant-gardes, qui devaient s'avancer, l'une par Albano et Terracine, l'autre par Tagliacozzo et Sora; ils auraient sous leurs ordres Kniasewitch et Pignatelli, Lemaire, Rusca et Casabianca, que l'on avertirait de quitter leurs positions, tandis que Championnet et Kellermann rallieraient les différents corps épars, prendraient en passant Lahure à Regnano, rentreraient à Rome, y rétabliraient le gouvernement républicain; après quoi, l'armée française, marchant le plus rapidement possible sur les pas de son avant-garde, se dirigerait immédiatement sur Naples.

Ce conseil tenu à cheval, en plein air, les pieds dans le sang, on s'occupa de recueillir les trophées de la victoire.

Trois mille morts étaient couchés sur le champ de bataille; autant de blessés, cinq mille prisonniers étaient désarmés et conduits à Civita-Castellana; huit mille fusils étaient jetés sur le sol; trente canons et soixante caissons, abandonnés de leurs artilleurs et de leurs chevaux, justifiaient la prédiction de Championnet, qui avait dit qu'avec deux millions de cartouches, dix mille Français ne manquaient jamais de canons. Enfin, au milieu de tous les bagages, de tous les effets de campement tombés au pouvoir de l'armée républicaine, on amenait au général Championnet deux fourgons pleins d'or.

C'était le trésor de l'armée royale, montant à sept millions.

Une partie de la traite tirée par sir William sur la banque d'Angleterre, endossée par Nelson, escomptée par les Backer, allait servir à remettre au courant la solde de l'armée française.

Chaque soldat reçut cent francs. Un million deux cent mille francs y passèrent. La part des morts fut faite et distribuée aux survivants. Chaque caporal eut cent vingt francs; chaque sergent, cent cinquante; chaque sous-lieutenant, quatre cents; chaque lieutenant, six cents; chaque capitaine, mille; chaque colonel, quinze cents; chaque chef de brigade, deux mille cinq cents; chaque général, quatre mille.

La distribution fut faite le même soir, aux flambeaux, par le payeur de l'armée, qui, depuis l'entrée en campagne de 1792, ne s'était jamais trouvé si riche. Elle eut lieu sur le champ de bataille même.

On résolut de réserver quinze cent mille francs

pour acheter aux soldats des habits et des souliers, et l'on envoya le reste, c'est-à-dire près de quatre millions, en France.

Dans sa lettre au Directoire, lettre dans laquelle il lui annonçait sa victoire et le nom de tous ceux qui s'étaient distingués, Championnet rendait compte des trois millions cinq ou six cent mille francs qu'il avait distribués ou dont il avait décidé l'emploi; puis il demandait que MM. les directeurs voulussent bien l'autoriser à prendre pour lui cette même somme de quatre mille francs qu'il avait fait distribuer aux autres généraux, mais dont il n'avait pas pris la liberté de faire l'application à lui-même.

La nuit fut une nuit de fête; les blessés étouffaient leurs gémissements pour ne pas attrister leurs compagnons d'armes; les morts furent oubliés. N'était-ce point assez pour eux d'être morts en un jour de victoire!

Cependant, le roi, resté à Rome, y avait bientôt repris ses habitudes de Naples; le jour même de la bataille, il était allé, avec une escorte de trois cents hommes, chasser le sanglier à Corneto, et, comme il lui avait été impossible de réunir une meute de bons chiens à Rome, il avait, dans des fourgons, fait venir en poste ses chiens de Naples.

La veille au soir, il avait reçu de Mack une dépêche

de Baccano en date de deux heures de l'après-midi ; elle était conçue en ces termes :

« Sire, j'ai l'honneur d'annoncer à Votre Majesté qu'aujourd'hui j'ai attaqué l'avant-garde française, qui, après une vigoureuse défense, a été détruite. L'ennemi a perdu cinquante hommes, tandis que la bienheureuse Providence a permis que nous n'ayons qu'un mort et deux blessés.

» On m'assure que Championnet a l'audace de m'attendre à Civita-Castellana ; demain, je marche sur lui au point du jour, et, s'il ne se met pas en retraite, je l'écrase. A huit heures du matin, Votre Majesté entendra mon canon ou plutôt son canon, et elle pourra dire : « La danse a commencé ! »

» Ce soir, part un corps de quatre mille hommes pour forcer les défilés d'Ascoli, et, au point du jour, un second corps de même nombre pour forcer celui de Terni et prendre l'ennemi à revers, tandis que je l'attaquerai de face.

» Demain, s'il plaît à Dieu, Votre Majesté aura de bonnes nouvelles de Civita-Castellana, et, si elle va au spectacle, pourra, entre deux actes, apprendre que les Français ont évacué les États romains.

» J'ai l'honneur d'être avec respect,

» De Votre Majesté, etc.,

» Baron MACK. »

Cette lettre avait été très-agréable au roi; il l'avait reçue au dessert, l'avait lue tout haut, avait fait son whist, avait gagné cent ducats au marquis Malaspina, ce qui avait beaucoup réjoui Sa Majesté, attendu que le marquis Malaspina était pauvre, s'était couché par là-dessus, n'avait fait qu'un somme jusqu'à six heures, où on l'avait éveillé, était parti à six heures et demie pour Corneto, y était arrivé à dix, avait écouté, avait entendu le canon, et avait dit :

— Voilà Mack qui écrase Championnet. La danse a commencé.

Et il s'était mis en chasse, avait tué de sa main royale trois sangliers, était revenu fort content, avait jeté un regard de travers sur le château Saint-Ange, dont le drapeau tricolore lui tirait désagréablement l'œil, avait récompensé et régalé son escorte, avait fait dire qu'il honorerait de sa présence le théâtre Argentina, où l'on jouait le *Matrimonio segreto*, de Cimarosa, et un ballet de circonstance intitulé *l'Entrée d'Alexandre à Babylone*.

Il va sans dire que c'était le roi Ferdinand qui était Alexandre.

Le roi dîna confortablement avec ses familiers, le duc d'Ascoli, le marquis Malaspina, le duc de la Salhandra, son grand veneur, qu'il avait fait venir de Naples avec ses chiens, son premier écuyer, le prince de Migliano, ses deux gentilshommes en exercice, le duc de Sora et le prince Borghèse, et enfin son confesseur, monseigneur Rossi, archevêque de Nicosia, qui, tous les matins, lui disait une messe basse, et, tous les huit jours, lui donnait l'absolution.

A huit heures, Sa Majesté monta en voiture et se rendit au théâtre Argentina, éclairé à giorno; une loge magnifique lui avait été préparée, avec une table toute servie dans le salon qui la précédait, afin que, dans l'entr'acte de l'opéra au ballet, elle pût manger son macaroni comme elle le faisait à Naples; or, le bruit avait couru que ce spectacle était ajouté à celui qui était promis par l'affiche, et la salle regorgeait de monde.

L'entrée de Sa Majesté fut accueillie par les plus vifs applaudissements.

Sa Majesté avait eu le soin de prévenir au palais Farnèse qu'on lui envoyât, au théâtre Argentina, les courriers qui pourraient lui arriver de la part du général Mack, et le régisseur du théâtre, prévenu de de son côté, se tenait prêt, en grand costume, à faire lever la toile et à annoncer que les Français avaient évacué les États romains.

Le roi écouta le chef-d'œuvre de Cimarosa avec une distraction dont il n'était pas le maître. Peu accessible en tout temps aux charmes de la musique, il y était encore plus indifférent ce soir-là que les autres soirs; il lui semblait toujours entendre le canon du matin, et il prêtait bien plus l'oreille aux bruits qui venaient du corridor qu'à ceux de l'orchestre et du théâtre.

La toile tomba sur le dénoûment du *Matrimonio segreto*, au milieu des hourras de la salle tout entière; on rappela le castrat Veluti, qui, quoique âgé de plus de quarante ans et fort ridé hors de la scène, jouait encore l'amoureuse avec le plus grand succès, et qui vint modestement, l'éventail à la main, les yeux baissés et faisant semblant de rougir, tirer ses trois révérences au public, et deux laquais en grande livrée apportèrent dans la loge royale la table du souper, chargée de deux candélabres supportant chacun vingt bougies, et entre lesquels s'élevait un plat de macaroni gigantesque, surmonté d'une appétissante couche de tomates.

C'était au tour du roi à donner sa représentation.

Sa Majesté s'avança sur le devant de la loge, et, avec sa pantomime accoutumée, annonça au public romain qu'il allait avoir l'honneur de lui voir manger son macaroni à la manière de Polichinelle.

Le public romain, moins démonstratif que le public napolitain, accueillit cette annonce mimique avec assez de froideur; mais le roi fit au parterre un signe qui voulait dire : « Vous ne savez pas ce que vous allez voir ; quand vous l'aurez vu, vous m'en donnerez des nouvelles. »

Puis, se retournant vers le duc d'Ascoli :

— Il me semble, dit-il, qu'il y a cabale ce soir.

— Ce n'est qu'un ennemi de plus dont Votre Majesté aura à triompher, lui répondit le courtisan, et cela ne l'inquiète point.

Le roi remercia son ami par un sourire, prit le plat de macaroni d'une main, s'avança sur le devant de la loge, opéra, avec l'autre main, le mélange de la pomme d'or avec la pâte, et, ce mélange achevé, ouvrit une bouche démesurée dans laquelle, avec cette même main dédaigneuse de la fourchette, il fit tomber une cascade de macaroni qui ne pouvait se comparer qu'à cette fameuse cascade de Terni dont le général Lemoine avait été chargé par Championnet de défendre l'approche aux Napolitains.

A cette vue, les Romains, si graves et ayant conservé de la dignité suprême une si haute idée, éclatèrent de rire. Ce n'était plus un roi qu'ils avaient devant les yeux, c'était Pasquin, c'était Marforio, c'était encore moins que cela, c'était le bouffon Osque Pulcinella.

Le roi, encouragé par ces rires, qu'il prit pour des applaudissements, avait déjà vidé la moitié de son saladier, et, s'apprêtant à engloutir le reste, en était à sa troisième cascade, lorsque, tout à coup, la porte de sa loge s'ouvrit avec un fracas tellement en dehors de toutes les règles de l'étiquette, qu'il pivota sur lui-même la bouche ouverte et la main en l'air, pour voir quel était le malotru qui se permettait de le troubler au beau milieu de cette importante occupation.

Ce malotru, c'était le général Mack en personne, mais si pâle, si effaré, si couvert de poussière, qu'à son seul aspect et sans lui demander quelles nouvelles il apportait, le roi laissa tomber son saladier et essuya ses doigts avec son mouchoir de batiste.

— Est-ce que...? demanda-t-il.

— Hélas, sire!... répondit Mack.

Tous deux s'étaient compris.

Le roi s'élança dans le salon de la loge en refermant la porte derrière lui.

— Sire, lui dit le général, j'ai abandonné le champ de bataille, j'ai laissé l'armée pour venir dire moi-même à Votre Majesté qu'elle n'a pas un instant à perdre.

— Pour quoi faire? demanda le roi.

— Pour quitter Rome.

— Quitter Rome?

— Ou bien elle risquera que les Français soient avant elle aux défilés des Abruzzes.

— Les Français avant moi aux défilés des Abruzzes ! *Mannaggio san Gennaro !* Ascoli, Ascoli !

Le duc entra dans le salon.

— Dis aux autres de rester jusqu'à la fin du spectacle, tu entends ? Il est important qu'on les voie dans la loge, pour que l'on ne se doute de rien, et viens avec moi.

Le duc d'Ascoli transmit l'ordre du roi aux courtisans, fort préoccupés de ce qui se passait, mais qui cependant étaient loin de soupçonner l'entière vérité, et rejoignit le roi, qui avait déjà gagné le corridor en criant :

— Ascoli ! Ascoli ! mais viens donc, imbécile ! N'as-tu pas entendu que l'illustre général Mack a dit qu'il n'y avait pas un instant à perdre, ou que ces fils de... Français seraient avant nous à Sora ?

FIN DU TOME TROISIÈME

TABLE

XXXVII.	Giovannina	1
XXXVIII.	André Backer	26
XXXIX.	Les kangourous	46
XL.	L'homme propose	64
XLI.	L'acrostiche	77
XLII.	Les vers saphiques	86
XLIII.	Dieu dispose	99
XLIV.	La crèche du roi Ferdinand	110
XLV.	Ponce Pilate	133
XLVI.	Les inquisiteurs d'État	148
XLVII.	Le départ	165
XLVIII.	Quelques pages d'histoire	180
XLIX.	La diplomatie du général Championnet	196
L.	Ferdinand à Rome	217
LI.	Le fort Saint-Ange parle	230
LII.	Où Nanno reparaît	252
LIII.	Achille chez Déidamie	266
LIV.	La bataille	286
LV.	La victoire	308

FIN DE LA TABLE DU TOME TROISIÈME

www.ingramcontent.com/pod-product-compliance
Lightning Source LLC
Chambersburg PA
CBHW060354170426
43199CB00013B/1863